街路

園路

口絵1　園路と近隣街路の夏の表面温度の比較（49ページ）
＜資料提供＞東京都立大学（当時首都大学東京）須永研究室
サーモグラフィにみる園路（下）と周辺街路（上）の表面温度の比較（2014年8月18日13時，気温34℃）。日陰のない周辺街路のアスファルトの表面は真っ赤。園路との表面温度の差は歴然

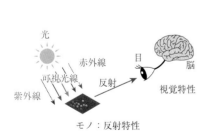

口絵2　光―モノ―目
（127ページ）

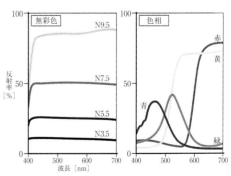

口絵3　赤・青・白・灰色・黒のモノ
（127ページ）
＜出典＞近江源太郎『カラーコーディネーターのための色彩心理入門』日本色研事業，2003年

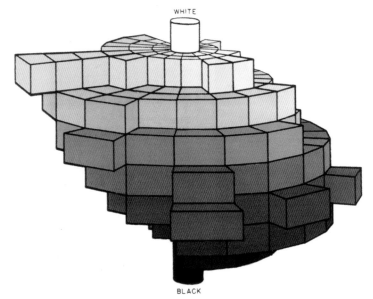

WHITE

BLACK

口絵4　色立体と色相・明度・彩度（128ページ）
＜出典＞乾正雄『建築の色彩設計』鹿島出版会，1976年

D50蛍光灯　Ra=91

昼白色蛍光灯　Ra=79

LED電球　Ra=68
※最近は演色性に優れた LEDが
　普及している。

口絵5　演色性の例（129ページ）
＜写真提供＞コニカミノルタジャパン株式会社

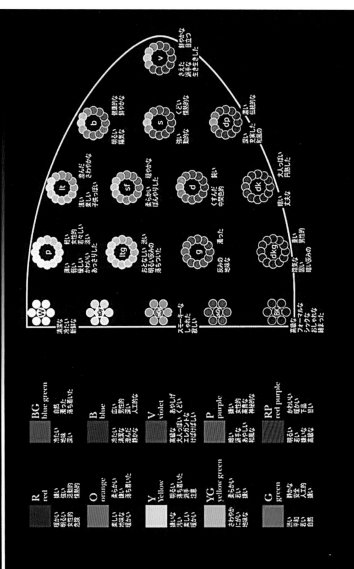

口絵6　色と感情（130ページ）

＜出典＞日本色彩研究所『色彩スライド集』2001年

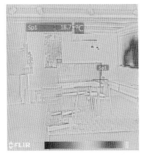

口絵7　断熱性の高い住宅の室内の熱画像（170ページ）
9時半より集熱開始。外気温15℃，一部窓が開いた状況で床温度18℃。均質な温度分布となっている（2015年12月12日10時撮影）
＜出典＞野沢正光『野沢正光の建築　詳細図面に学ぶサスティナブルな建築のつくりかた』X-Knowledge，2021年

口絵8　窓まわりのコールドドラフト（170ページ）

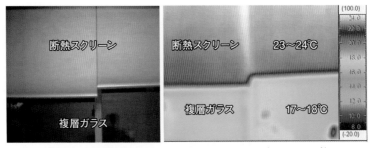

口絵9　複層ガラスとの表面温度の比較（216ページ）

住まいの環境論

住まいの環境論（'23）

©2023　田中稲子

装丁デザイン：牧野剛士
本文デザイン：畑中　猛

s-83

まえがき

　本書は放送大学授業科目「住まいの環境論」の印刷教材として書かれたものである。この授業を受講される方は，住宅や環境に興味を持たれている一般の方であるか，建築家や建築技術者をはじめ建築に関連した職業についていて改めて学び直したいという方かもしれない。圧倒的多数は前者と思われるので，この授業は印刷教材と放送教材を併用することで，建築の知識をお持ちでない方にも理解できるよう，写真や図，映像資料を多用するよう配慮したつもりである。一部には専門用語や専門的なことに関わる内容も出てくるが，これを機に，ぜひ建築関連の図書を手に取っていただきたい。

　現在，世の中はコロナ禍に見舞われ，世界中が同時に膠着状態に陥った感があるが，これとは別次元でSDGs（Sustainable Development Goals：持続可能な開発目標）や脱炭素化など，やはり世界共通のワードがメディアを賑わせている。1980年代に顕在化した地球環境問題であるが，ここへ来てようやく，人間社会を持続させるために，全世界的に地球規模の課題にどう取り組むかという方向に足並みがそろってきたように思える。もちろん，途上国や紛争地域の一部は例外であるかもしれない。日本では甚大災害が年々顕著になり，さらに，高齢化・少子化の影響は予想以上に早く現代社会に到達し，危機を肌で感じている方も少なくないのではないだろうか。個人ではあまりにも手に負えない事象に思えるが，ここで住まいに目を移すとどうだろうか。住まいは人間社会の基本単位であろうが，このような世界規模，地球規模の話題は，コロナ禍という特殊なケースを除けば，縁遠い存在だと感じていないだろう

か。このような遠い存在の地球環境問題や，一見，自身の住まいとは無関係だと思っていたソトの事象の存在や住まいとの関係性に気づけるよう，記述を心がけたつもりである。この感覚を持ったうえで，ご自身や家族の心地よさや快適性を保つため，住まいの環境をどうとらえ，どうつくるか，どう保全するかということを考える機会にしていただきたい。さらに，この社会の基本単位，最小単位から，世界的な事象や社会問題との接点を感じてもらえたら幸いである。

　ここで，本書の前身である放送大学授業科目「住まいの環境デザイン」には，地球環境時代において持続可能な社会を目指し，環境負荷の小さい，安全で健康的かつ快適な環境共生社会を実現したいという思いが込められていた。5年経った今もその思いは変わらないが，本書は「住まいの環境論」として一段と硬い装いでリニューアルすることとした。「家を建てる」ことが，「住宅購入」という言葉に取って代わられて久しいが，家電のようにハードとしての住宅や住宅性能を問うのではなく，着衣の延長のごとく，自らが使いこなしながら創出する空間・環境として住まいをとらえてほしいという思いで本書を構想した。そのためには，住まいに関するさまざまな環境の存在，それらのとらえ方や関係性を整理し，論として整理する必要があると思うに至った。それが「環境論」という，いささか堅苦しい言葉になった言い訳である。その代わり，先にも述べたように視覚的にとらえやすい工夫をし，より多様な視点から住まいや空間のおもしろさを知ってもらえるよう，各分野の専門家に分かりやすく解説していただくとともに，住宅をつくる側の視点だけでなく，住む側の視点を意識しながら執筆したつもりである。

　「住まい」はあまりにも私たちの日常に身近な存在で，感覚的にとら

えることに慣れているため，およそ科学とは無縁なものと錯覚しやすい存在でもある。しかしながら，今日，地球環境問題や甚大災害など一人の手には負えない事象の最中にあって，課題解決策に一致団結して取り組まなければいけない時代に，一市民の，一居住者の科学リテラシーは必要不可欠であると考える。このため，科学的なデータや学術的に得られた資料は省かず扱っていることをご理解いただきたい。客観的に住まいの環境をとらえる基礎力がつくことで，慣れやノウハウとしての住まい方ではなく，例えば，積極的に快適性を得ながらも省エネルギーを実現できる住まい方を，自ら見いだせるようになるかもしれない。

　ここで改めて，ゲストとしてご出演いただくとともに，写真や図面などをご提供くださった野沢正光氏，石黒健太氏，迎川利夫氏，UR 都市機構増重雄治氏，札幌市立大学斉藤雅也氏に深謝の意を表します。また，印刷教材を取りまとめるうえで，放送大学教育振興会の後藤鈴子氏に大変なご尽力をいただきました。放送教材の制作にあたっては，放送大学制作プロデューサー藤田英世氏，真淵威志氏，ディレクター柳井明日香氏，および多くの制作スタッフの方々に大変お世話になりました。また，印刷教材の作成から放送教材の制作にわたり，山川博彰氏をはじめとする多くの皆様に多大なるサポートをいただきました。東京工業大学名誉教授の梅干野晃先生には，本書の前身図書の執筆時より住まいの環境とは何か，どうあるべきかについて多くのご示唆を賜りました。皆様に心より御礼申し上げます。ありがとうございました。

2023年 3 月
執筆者を代表して
田中稲子

目次

1 | 住まいと環境のとらえ方

田中稲子

《**目標＆ポイント**》　私たちの住まいは，人間を外敵や厳しい気候から守るための住み家（すみか）に始まり，各地のさまざまな気候・風土の中で長い年月を経て育まれてきた。人間社会の発展とともに，居住者はさまざまな創意工夫を住まいに凝らし快適性を追求してきたが，20世紀終盤に新たに浮上した地球規模の環境問題によって，快適性の追求だけではない側面が，私たちの日常生活に問われるようになった。現在，持続可能な社会を標榜しながら，できるだけ環境に負荷をかけない住まいやまちづくりが目指されている。本章では，このような背景のもとで住まいやその環境について論考を深めようという本書の方向性を解説する。また，本書『住まいの環境論』で扱う「住まい」や「環境」のとらえ方や範囲，本書の特徴と構成について解説するので，受講するうえでの心構えとしていただきたい。

《**キーワード**》　地球環境時代，持続可能な社会，居住者，住環境リテラシー，スマイ，住まい方，環境の入れ子，建築環境

1. はじめに

（1）世界の潮流から俯瞰する：地球環境時代は続く

　21世紀は，**地球環境時代**といわれている。建築や都市の分野に目を向ければ，**持続可能な社会**を標榜しながら環境負荷の小さい都市や建築の提案や試行が続けられている。2015年に開催されたCOP21（気候変動枠組条約第21回締約国会議）では，温室効果ガス削減の枠組みとなるパリ協定が採択され，日本は2030年度に2013年度実績比で温室効果ガス排出量を26%削減すること（2021年に46%削減に更新）を目指すことに

なった。1997年の COP3から20年近くがたってようやく地球温暖化対策
に向かって全世界が同じ方向に歩み出したといえるが，目標期間は目前
に迫っている。私たちが建物を利用することで排出する温室効果ガス
（業務部門・家庭部門の排出量に該当するもの）は，日本全体の排出量
のおよそ3割を占めている。2016年5月に閣議決定された地球温暖化対
策計画では，業務部門・家庭部門ともに約4割の温室効果ガスの削減目
標が掲げられた。その後，政府の方針転換により2021年に改定が行わ
れ，業務部門は51%，家庭部門は66%もの削減率に引き上げられている[1]。

　ここで図1-1に，「住む」ことで1年間に直接的・間接的に発生させ
た温室効果ガスを，二酸化炭素に換算した値の内訳を示す。自動車の利
用による排出量の割合が高いが，ここでは，住宅内部の生活行為に着目
してみよう。住宅の冷暖房使用による二酸化炭素排出量が18.5%，給湯
が14.2%，照明・家電製品が29.8%にものぼる。業務部門においては，
オフィスビルや公共建築の省エネルギー化またはZEB（Net Zero En-
ergy Building）化が必要であるが，家庭部門においては住宅や設備の

図1-1　家庭からの二酸化炭素排出量　用途別内訳[2]

省エネ性能向上だけでなく，私たち一人ひとりのライフスタイルの見直しも必要であろう。地球環境時代の私たちには，住まいや個々の生活と地球環境との関係を知り，どのような住宅と住まい方が望ましいのかを考え，実行することが求められている。なお，温室効果ガスの排出を正味ゼロにすることが，持続可能な社会の目指す全てではないことは確認しておきたい。

（2）足元から見つめる：住環境リテラシー

わが国の住生活基本法（2006年6月施行）の基本理念の中に「地域の自然，歴史，文化その他の特性に応じて，環境との調和に配慮しつつ，住民が誇りと愛着をもつことのできる良好な居住環境の形成が図られること」という一文が明記されている。これを受けて策定された「住生活基本計画（全国計画）」第4「（1）住生活に関わる主体・施策分野の連携」の中で，国および地方公共団体等の住宅を供給する側に，豊かな住生活の実現に向けて住教育を推進することが求められている[3]。これは，住宅を供給する側，つくる側に求めている責務といえるが，前項を踏まえれば，居住者である私たちが受け身であってよいはずはない。

ここで，再び温室効果ガスに話を戻そう。例えば，私たちは冷暖房を使用するために電力を使い，間接的に温室効果ガスを排出しているわけだが，これは住宅の断熱性能を向上させるなどのハードの工夫だけで低減できるのだろうか。そのような住宅を選択するだけでよいのだろうか。図1-2は，暖房時に家族が1室で過ごすか，別々に過ごすかといったライフスタイル別に，暖房にかかるエネルギー消費量を示したものである[4]。さまざまな住宅に住む家族を対象とした調査結果である。1室で過ごすことが多いと回答した世帯は，別々に過ごすことが多いと回答した世帯の約半分のエネルギー消費量で済んでいる。これは，ある

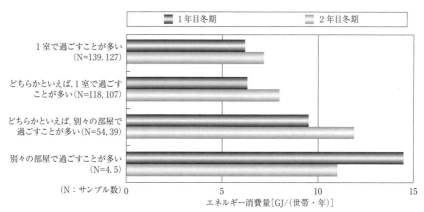

図1-2　暖房時の過ごし方と暖房用エネルギー消費量[4]

世帯のエネルギー消費量が，建物や設備の設計性能だけで決まるのではなく，居住者がどのように使うか，すなわち住まい方に大いに依存することを示すものである。消費エネルギーに限らず，室内環境も居住者の住まい方によって大いに変化するものである。詳細は第14章を参照されたい。

　このように，地球環境時代においては，居住者が住宅や設備等に対して意識を向け，室内環境を快適にしようと主体的に関わることが重要といえよう。このような住まいや住まい方を持続的に継承できる能力は，**住環境リテラシー**と呼べるものである。妹尾[5]は「住環境リテラシー」を「現代の住生活をとりまく諸問題・諸課題の解決のために必要な知識（認識）を身につけ，批判的に分析し評価・判断し，主体的に行動する能力および態度を身につけること」だとし，「それによって，社会，環境や生活の質的な向上が図られ，主体性を持った市民・生活者となることができる」と述べている。これは，人間社会やその基本単位である住まいとその環境とどう向き合うべきかを示唆するものである。主体的に

住まいに関わるという姿勢をもって本書を読み進めていただきたい。

2. 住まいのとらえ方

（1）ジュウキョとスマイ

　清家清は『住居論』[6]の中で，「住居をジュウキョと読めば，建物／ハードウェアとしての住宅という意味のようである。それをスマイと読むと，それは家庭というか家族生活というか，ソフトで人間臭いパフォーマンスを意味しているように聞こえる」と述べている。また『建築大辞典』[7]によれば，「住まい」は「物としての住宅と，そこで営まれる住生活を含む住居の概念」だという。このように，**スマイ**という響きには，物理的な空間や環境を形成する側面と，その空間や環境に影響を受けたり及ぼしたりする人間の暮らし，すなわちライフスタイルの側面があるということになる。

　前節で述べたように，地球環境時代にあっては，ますますこの「住居」をジュウキョとスマイの両面からとらえる必要性が増していると考える。本書ではそれを「住まい」と表現することとし，単に物理的な空間を指すときには「住宅」と表現することとする。

　また，日本では生態学と訳されることが多い ecology（エコロジー）という用語は，ギリシャ語で住居を意味する oikos（オイコス）を語源として，学問を意味する語尾を付けた造語である。人間を含むさまざまな生物の生息場所や生息方法を扱う分野ということになる。この地球環境時代において，ecological（エコロジカル）な都市や建築が求められるのだとすれば，私たちの生息場所の起点となる住まいに目を向けることは必至であると理解できる。

（2）ハードとソフト

　前項においてハード，ソフトという言葉を用いたが，少々工学的な表現かもしれない。本書では，住むための物理的な空間を扱う側面を「ハードでとらえる」といい，その空間をどのように使うかという居住者や利用者の行動や態度などが含まれる**住まい方**や使い方を扱う側面を「ソフトでとらえる」としている。住まいのハード・ソフトというのは，別の見方をすると，建物をつくる側とつかう側の両側面から「住まい」をとらえているともいえる。

　例えば，結露についていうと，住宅の熱的性能が最も低いところで生じることが多い。極端に熱的性能の悪い住宅は別として，結露発生は室内での水蒸気の発生の仕方やその排気の仕方など，居住者の住まい方にも大きく関わっている。同じ住宅でも，居住者が異なり住まい方が異なれば結露の発生有無が変わるため，居住者が結露発生の要因をどのぐらい理解しているかも重要になる。結露の訴訟問題で住宅性能の瑕疵が問われる際に，その判定は困難な作業になることが多いとされる所以である[8]。

　これまで，つくる側の原則でとらえられてきた「住居（ジュウキョ）」を，読者の日常の生活から見つめ直すことは容易ではないが，一居住者でもある読者には，住宅のハードとしての物理的な仕組みを理解して，ソフトの側面，すなわちライフスタイルを改めて見直す機会にされることを期待する。「住まい」にはハードとソフトの要素が互いに影響を及ぼし合うことを認識したうえで，今の時代，これからの時代にどのような「住まい」を目指すのかを考える機会にしてほしい。

3. 環境のとらえ方

（1）本書で扱う室内環境の要素

　「環境」の意味するものは非常に広く曖昧である。『大辞林』[9]によれば，「環境」とは「①取り囲んでいる周りの世界。人間や生物の周囲にあって，意識や行動の面でそれらと何らかの相互作用を及ぼし合うもの。また，その外界の状態。自然環境の他に社会的，文化的な環境もある。②周囲の境界。まわり」とされる。主体によって，環境の範疇や主体との相互作用の内容も変わってくるとも読み取れる。空間的な広がりでとらえる「環境」もあれば，時間や世代を超えて及ぶ「環境」のとらえ方もあるだろう。

　本書で扱う「環境」の主体は，住まいの主役である居住者であり，その最も身近な環境が「室内環境」といえよう。人間は，外敵や風雨など厳しい気候から身を守るために居住空間をつくってきた。今のような人工的に得られるエネルギーがなかった時代にまで遡れば，生存するために必要な空気の質（空気環境）と，体温調節機能を維持するための保温性（温熱環境），生活行為に必要な太陽光や火による灯り（光環境）が，まず居住空間には必要だったはずである。言語発達により進化を遂げた人間にとって，生活を営むうえで必要な言葉を聞き取ることができる静寂さ（音環境）も重要になる。これらを扱う専門領域が建築環境工学である。本書では，室内環境を構成する熱，空気，光，音の4要素を「住まいの環境」の基本要素として焦点を当てる。また，住まいをつくるうえでは，居住者の利便性もまた重要かつ必要不可欠な要素であるため，それを裏付ける学問領域である建築計画論をベースに置きながら，住まいの環境に関する論考を進める。なお，住まいにとって安全性が重要であることは災害大国の日本においては言うまでもないが，本書では扱わ

ないものとする。

（2）環境の入れ子

　図1-3は，室内環境がさまざまな空間スケールの環境の影響を受けていることを示す模式図である。これを宿谷[10]は**環境の入れ子**と称している。室内環境はその周囲の環境の影響を受けて形成され，その周囲の環境はまた，さらに周囲の環境の影響を受けている。

　建築は古来，気候や地勢などの自然的要素と文化や経済などの社会的要素の影響を受けながら育まれてきた。日本の比較的温暖で湿潤な地域では，住まいに対して自然との親和性がより重んじられてきた。例えば，安全・健康・快適性に必要最低限の設え（しつら）は残しつつ，開口部を大きくとった開放的な間取りとすることで，夏に風通しをよくし，熱や湿気を逃がしやすいつくりとする。このようなつくりと，住む人による通風や，入り込む風を冷やす前庭の水まきなどの生活行為によって，蒸し風呂のような状態からは解放されていたはずである。強風の日には開口部

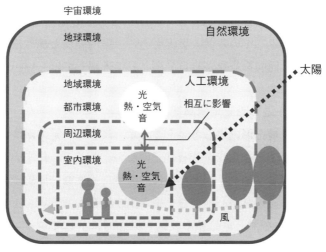

図1-3　環境の入れ子　模式図

を閉じて，しのいでいたかもしれない。このように，室内環境を快適に
保とうとする行為は，庭などの周囲の環境の影響も受けている。これが
現代の都市部の住宅密集地であればどうだろうか。水をまくような庭は
なく，街路はアスファルトに覆われた灼熱の環境に住宅が立地している
とすれば，通風行為は健康被害をもたらすリスクもはらんでいる。

　同図に示された各環境は入れ子になっているだけでなく，それぞれ相
互に影響を及ぼし合っていることも忘れてはならない。前述のような都
市部では，夏に冷房に頼らざるを得ない場合が多いが，これによってエ
アコンの室外機から排熱が周辺地域に放出されることになる。室外機の
排熱は，ヒートアイランド現象の形成要因の一つである。

　人間は，豊かな生活を創造するために建築物や都市を築いてきたが，
都市の利便性や効率の享受と裏腹に，住環境の貧しさと生存の危機を生
み出す結果を招いているのではないか。建築家リチャード・ロジャース
（Richard Rogers）は『都市　この小さな惑星の』[11]の中で，「人類が暮
らすところ―私たちの都市―が，生態系の最大の破壊者であり，この惑
星上で人間の生存を脅かす最大の脅威を与えているというのは皮肉なこ
とだ」と述べている。豊かさを求めた結果としての地球温暖化であり，
その結果として生じている甚大災害もある。室内環境と地球環境の相互
影響について，同図を見ながら自分事として理解してほしい。

（3）ウチとソトをつなぐ環境調整

　快適な室内環境を形成するということは，決して一定でかつ均質な環
境が理想ということを意味するわけではない。むしろ，住まいにおいて
は，居住者のライフスタイルとともに，環境に適度な時間的変化や空間
的なムラも生じ，それが心地よさを生み出す場合もある。

　図1-4はソトの激しい気候の変動を概念的に示している。これに対

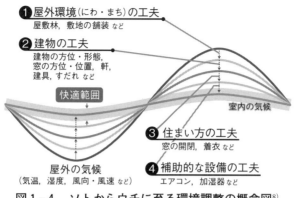

❶屋外環境(にわ・まち)の工夫
屋敷林，敷地の舗装 など

❷建物の工夫
建物の方位・形態，
窓の方位・位置，軒，
建具，すだれ など

快適範囲

室内の気候

❸住まい方の工夫
窓の開閉，着衣 など

屋外の気候
(気温，湿度，風向・風速 など)

❹補助的な設備の工夫
エアコン，加湿器 など

図1-4　ソトからウチに至る環境調整の概念図[8]

　して，室内にいる人間にとっての快適範囲は狭くゆるやかな変動が望まれる。屋外環境にさらされると，とても快適ではいられない。このため，第一に住宅の立地だけでなく，住宅まわりの庭における工夫によって気候の変動を多少緩和する計画がなされる。第二にシェルターとしての住宅によってこれを緩和する。こういった庭や建物の環境調整の工夫を有効に機能させるのが住まい方である。それでも室内を快適に調整できない場合に，補助的に機械設備を利用して快適な状態に近づける。このような想定で室内環境は形成されていると本書ではとらえたい。室内環境にとって，ウチとソトにかけて存在する縁側や庭などの緩衝空間の役割も大きいことが想像されよう。これについては第12章，第13章で詳しく扱う。

　今日，都市環境の悪化やライフスタイルの変化に伴い，住宅においても機械・電気設備を前提としたカプセル化した建物が増加しつつある。省エネルギー性のことだけを考えれば，そのほうが合理的と考える向きもあるかもしれない。しかし，これらの技術がいかに進んでも都市環境の悪化は解消されるわけではなく，ソトに関心をもつ必要性が失われれ

ば，都市環境の悪化を放置する，または助長することにもつながりかねない。快適性の希求とそれに伴う行動という，人間本来の生理現象を失うことと引き換えにしてよいことかどうかも慎重に考えるべきである。子どもや高齢者のことも考えた住まいであるならば，自然の息吹が感じられることのほうが重要ではないか。

4．本書の特徴

　本書の読者の多くは，建築や環境の専門家ではない。ただ，どのような専門家であれ，まちを利用する一生活者であり，住まいを利用する一居住者であることには違いない。ここでは，地球環境時代の住まいに対して必要な考え方や見方を習得するとともに，住居ではなく「住まい」として，室内で快適に過ごすことを実践してほしいという思いから，住まいのハードとソフトの両側面を扱う。このため，建築をつくる側の専門的な知識にのみ焦点を当てることは避けたいが，本書を理解するために最低限必要なハードの理解，すなわち**建築環境**や建築計画の原理・原則の理解は必要である。また，ソフトの理解，すなわち住まい方と，その室内環境との相互影響に関する理解も必要になる。

　通常の建築の専門書は建物の仕組みや要素技術の技術的な解説であり，一般の教養書は環境にやさしい暮らし全般の指南書の場合が多く，いずれかの立場に偏った情報である場合が多い。しかしながら，ここでは住宅の性能と住まい方がすり合わされて初めて「住まい」になると考えるため，ハードとソフトの両面を学べるテキストとした。

5．本書の構成

　本章では，本書で扱う住まいや住まいの環境の位置づけを述べているが，これを除き本書は大きく2つに分けることができる。

　まず，第 2 章〜第 5 章は，「住まい」と「住まいの環境」の見方を養う位置づけにある。第 2 章は住まいの変遷を知ることで，第 3 章の事例を見る基礎力を養う。第 3 章では，本書で扱う住まいや住まいの環境の全体像をつかむための事例紹介を行う。住まいや建築になじみのない読者のために，基礎理論より先に実態を知ることを優先した。専門的な知識がないまま住まいを見ることには困難な面もあるが，どのような住まいがあって，どのような居住者がいて，どのような関わり方をしているかを観察してほしい。これによって，どのような住まいや建築環境の要素が関わるかに気づき，後半の学習の動機を得てほしい。また，つくる側の思いをうかがい知ることもできるかもしれない。第 4 章および第 5 章では，住まいの基盤となる気候特性と住宅のつくりとの関係性について基本的な事項を解説している。事例については，放送教材でさらにイメージを深めていただきたい。

　次に，第 6 章〜第14章で，住まいの環境の基礎理論を習得する。第 6 章から第 9 章にかけて，室内環境の 4 要素である温熱環境，空気環境，光環境，音環境の基礎を解説する。ここでは，要素ごとに学びを深めるが，居住者は季節を通して全ての要素を同時に体験しているはずである。季節の移り変わりの中で住まい方にも変化が生まれることから，温熱環境を軸に，第10章では夏と中間季（春・秋），第11章では冬に着目して，居住者の快適性のため，住まいにどのような工夫が求められるかを解説する。また，先に述べたように，住まいのウチからソトにかけての，居住者の快適性を語るうえで外せない緩衝空間について，第12章および第13章で述べる。さらに第14章で，住まい方を科学的にとらえてみる。居住者の目線を有する読者にとって読み進めやすい章であると思うが，人間の行動に対する新たな発見も見いだせるものと思う。

　最後に第15章で，総括とともに，本書では扱えなかった今後の住まい

の環境に求められる新たな視点について解説したい。超高齢化・少子化社会に突入した今，何が求められているのか。これからの住まいのあり方について考えていきたい。

🔔 研究課題

この授業を受講するにあたり，改めて自身の住まいを概観しながら，室内環境の4要素はどのような状態なのか，どのように感じているかを書き出してみよう。最も改善したい室内環境の問題は何かを書き留めて，今後の受講の手がかりにしてほしい。

引用・参考文献

1）環境省「地球温暖化対策計画」（閣議決定）2021年10月22日，p.25
2）国立環境研究所・温室効果ガスインベントリオフィス「日本の1990-2019年度の温室効果ガス排出量データ2021年4月13日発表」
https://www.nies.go.jp/gio/aboutghg/index.html
参考：全国地球温暖化防止活動推進センター（JCCCA）
3）国土交通省「住生活基本計画（全国計画）」2021年3月19日，p.21
4）日本建築学会『省エネ住宅とスマートライフでストップ地球温暖化』2006年，p.53
5）妹尾理子『住環境リテラシーを育む―家庭科から広がる持続可能な未来のための教育』萌文社，2006年
6）清家清『住居論』旺文社，1982年
7）『建築大辞典』第2版〈普及版〉，彰国社，2007年
8）梅干野晁・田中稲子『住まいの環境デザイン』放送大学教育振興会，2018年，pp.11-24
9）『大辞林』第3版〈普及版〉，三省堂，2006年

10）宿谷昌則『自然共生建築を求めて』鹿島出版会，1999年

11）リチャード・ロジャース，フィリップ・グムチジャン（野城智也・和田淳・手塚貴晴　訳）『都市　この小さな惑星の』鹿島出版会，2002年

2 | 住まいの変遷
─集合住宅を中心として─

谷口　新，田中稲子

《**目標＆ポイント**》　現代の住まいは，日本全国で地域ごとの個性がなかなか見られなくなり，ほぼ同じような住まいとなっている。間取りも，例えば3LDKといった統一された表記法で示される。これが今の住まいの実際である。第3章以降で環境工学的な課題を学ぶにあたって，現代における私たちの住まいの成り立ちを概観する。

　普段は無意識に見過ごしがちな屋根，壁，床といった住まいの部分や，部屋というものも初めから存在していたわけではなく，古代からどのような経過を経て少しずつ形になって集合住宅が登場し，前述した現代の住まいに至ったのかを確認する。そして，住まいにおける密度についても，各自で考えるきっかけとしてもらいたい。

《**キーワード**》　都市住宅，独立住宅，集合住宅，アクセス形式，2DK，住棟配置，隣棟間隔，テラスハウス，高層高密，密度

1. 住まいの分類

（1）はじめに

　日常生活において，無意識に全体を分類して複雑な事柄を理解していることは少なくない。分類することによって見通しがある程度よくなるためであるが，大切なのはどの視点によるかである。本科目で扱う「住まい」についても例外ではなく，分類して考えることで位置づけが明確になり，各テーマにおける理解が深まることになる。一番簡単な分類

は，「○○」と「○○以外」の2つに分けることである。しかし，ご存じのように日本における住まいは多様であり，そう単純ではない。正確に分類することが難しいことを，初めにお断りしておきたい。

　土地に対して密度が高く建設されるものを「**都市住宅**」という。本科目の目指すところは，住まいにおける環境に関わる諸問題について考察することである。例えば音についていえば，人間が多く集まっている状態ほど「騒音」というかたちで諸問題が発生する。したがって，本科目では環境面で課題が多い都市住宅を中心に扱うこととする。環境的な視点で意味のでてくる分類と，直接的には関係が薄い分類がある。後者については住まいのソフト面である。賃貸か分譲か，民間か公営か，また，居住を希望する人々が協同組合をつくり建設から入居まで運営するコーポラティブハウジング，家事や育児など相互扶助的な仕組みをもつコレクティブハウジングと呼ばれる集合住宅などもある。しかし，本科目においては，環境面（熱，空気，光，音）での課題などを学ぶことから，いわゆるソフト面からみた切り口による考察は優先順位が高くない。まずは物理的側面に意識を向けることが住まいの環境論の理解への一歩となる。また，タワーマンションも，本科目における環境論としてスケールが大きすぎるため扱わない。

（2）独立住宅と集合住宅

　都市住宅を大きく2つに分けると，独立住宅と集合住宅[1]になる。前者はいわゆる戸建て住宅のことと考えてよい。後者は広義には独立住宅の集合で，連続建て住宅（長屋建て住宅），共同住宅などをいう。共同住宅は，複数住戸により1棟を構成し，各戸が敷地を共用しているものをいう。いわゆる一般のアパート，マンションはここに含まれる。

　独立住宅，集合住宅ともに，住棟の配置計画が住戸内の環境面（日当

★1　建築基準法に「集合住宅」という言葉は出てこない。「共同住宅」「長屋」がそれにあたる。いわゆるマンション，アパートは，法律上の用語では「共同住宅」である。

たり，風通しなど）に影響を及ぼす。特に日当たりに関しては，集合住宅における隣棟間隔について，第3節（3）で紹介している。

（3）住棟平面のアクセス形式による分類

　表2-1は，例えば，自分のマンション（＝住棟）の入口から自宅（＝住戸）の玄関までどう行くかというアクセスの視点で，平面図を分類したものである。これは環境面（温熱，光，音）と居住者のプライバシーにも影響するので，学習にあたっては階段室型，片廊下型の特徴（長所，短所）をまず理解するとよい。階段室型は新たに建設されるこ

表2-1　集合住宅における住棟平面のアクセス形式による分類

名称および形式	長　　所	欠　　点
階　段　室　型	住戸のプライバシーが高い。2方向または3方向に開口部をとることができるため採光・通風に有利である。共用通路面積が少なくてすむ。	エレベーターを設置する場合は，1戸当たりの負担コストが大きい。
片　廊　下　型	構造が単純明快である。エレベーターの1戸当たりの負担コストが小さくなる。住戸へのアクセスが容易である。	廊下が住戸の直前を通るので，プライバシー，騒音，採光の点で階段室型よりも劣る。
中　廊　下　型	高密度にすることができる。住戸へのアクセスや設備の集約性はよい。エレベーターの1戸当たりの負担コストが小さい。	住戸の開口部は外気に1方向しか面しないので，居住性は最も悪い。南北軸の住棟配置になる。
ツインコリダー型	片廊下型と中廊下型の長所を兼ね備えている。	片廊下型と同じ欠点を持つ。南北軸の住棟配置になる。

＜出典＞岡田ほか『現代建築学建築計画2［新版］』[2]をもとに改変

とが少ないが，他のアクセス形式に比べて良好な環境，プライバシー確保が可能である。昭和40年代に多くつくられた階段室型住棟のリノベーション事例もみられる。中廊下型とツインコリダー型は，環境条件が各住戸でできるだけ同じになるように意識し，特に方角に注意する。

　以上が分類の主な視点であるが，集合住宅を中心に，私たちが居住している一般的な住まいに至る変遷を大まかに確認しておきたい。一般的な住まいとは，例えば間取りを nLDK（3 LDK など）で表記する公私室型の住まいのことである。

2．日本における住まいの変遷①

　そもそも日本における住まいのルーツは何だろうか。環境の中で人々の生活に不都合なものは排除したいので，雨風から身を守りたい。当然，身のまわりにあるもので何とか住まいをつくる（しかない）。第5章で触れるが，日本はほぼ温暖湿潤気候で，樹木を身近に使用できたことは大前提である。

　時代が進むにつれて建築技術が向上し，住まいも発展していく。通常は建築歴史意匠学という分野で学ぶ内容だが，環境面（狭い意味では，建築環境工学で主題となっている熱・光・空気・音など）と計画面（空間構成など）に関して，現代の住まいへ引き継がれる部分を中心に抜粋する。

　わが国で最初につくられたといわれる住まいの形式は竪穴住居である。雨風をしのぐシェルターとしての「屋根」の存在が印象的である（図2-1）。稲作中心の弥生時代における高床式の建物（図2-2）では，「床」の存在が確認できる。家屋文鏡の文様に描かれている平地式住居（図2-3）では，竪穴住居には見られなかった「壁」が確認できる。

図2-1　竪穴住居の基本的な構造
（軸組）[7]

図2-2　高床式（登呂遺跡復原高
床家屋）[7]

図2-3　平地式（家屋文鏡の文様）[7]

　子どものころにほとんどの人が描いた三角屋根の住まいのイラストの
イメージが，これにつながる。また構造的には，これら3つのタイプの
住まいは，木をタテ（＝柱）とヨコ，そして屋根勾配のためにナナメに
組んでつくられている。これを軸組式といい，日本の伝統的な住まいの
構法である。
　奈良時代の住まいは断片的に遺構が知られている。有名なものは法隆
寺伝法堂前身建物（橘夫人の邸宅）である（図2-4）。どのように使わ
れたのか詳しくは分からないが，壁で囲われた閉鎖的な空間と壁のない
開放的な空間がある。この屋根付きの開放的な空間は，現代では半屋外

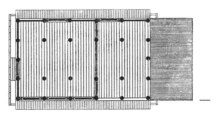

図 2-4　伝法堂前身建物（浅野清博士による復原）平面図[7]

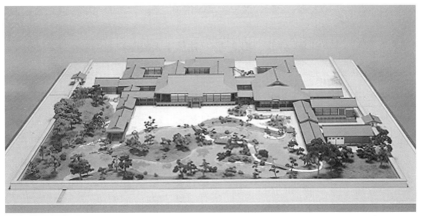

図 2-5　東三条殿復原模型（森蘊博士，藤岡通夫博士による）
＜写真提供＞京都府京都文化博物館所蔵

空間と呼ぶ。

　平安時代の貴族の住まいである寝殿造は，間仕切りのない開放的な空間で，その都度，屏風や几帳などのアイテムを自由にレイアウト（室礼）して過ごしていたようである。また特筆すべきは，築地塀と呼ばれるもので境界が明確になり，それまでは確認できなかった敷地と庭の概念がみられるようになったことである（図 2-5）。

　武士の時代になり，寝殿造から発展して書院造となる。現代は照明によって読書や書きものが容易にできるが，この時代は昼光を利用するた

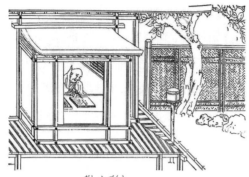

図2-6　出文机（だしふづくえ）（法然上人絵伝）[7]

　めの建築的工夫をしている様子が絵巻物に描かれている（図2-6）。
　これが書院造の座敷飾りの一つ「付書院（つけ）」として，座敷内で採光のとれる側に定型化していく。なお，このころには，襖（ふすま）や明かり障子といった建具も用いられ，敷居と鴨居によって固定化された間仕切りとなる。さらに天井も張られるようになり，私たちのもつ和室のイメージに近い「部屋」となる。ただし，座敷が四方と天井で囲われているとはいえ，気密性はなく，また壁は真壁（しんかべ）と呼ばれる，柱が見えていてその間が土壁などになっている構造で，現代のような断熱材が壁に入るのはまだ先のことである。温熱環境，音環境は読者の想像どおりである。
　内部空間と外部空間の境界には縁側が確認できる。日本の伝統的な和風の住まいのイメージがみられる。

3．日本における住まいの変遷②

（1）明治時代以降〜戦前：和風と洋風の融合

　明治維新以降，書院造の流れをくむ和風の住まいにも洋風化が進み，先に述べたこれまでの住まいにおける和室の音環境（声が筒抜けになる

など）は在来住宅批判の一つとなり，自分たちの住まいを見直していくようになる。プライバシーを重視したい，接客本位から家族本位へと，家族の居場所の改善がみられる。一方，台所などの水まわりは北側で，厳しい環境にあったことは想像に難くない。しかしながら，環境工学的には特に目立った改善はなく，冬季には火鉢の使用など，それまで（＝江戸時代まで）とあまり変わらない。さらに音の問題については，本質的な解決に至っていない。

　ここで忘れてはいけないのが，「生活改善同盟会」（1920〈大正 9 〉年設立，文部省）の存在であろう。これからの住まいはどうあるべきかの議論がなされた結果，6 つの指針があげられたが，本科目で関連するものとしては以下 3 項目に着目したい。（※カッコ内は現代の状況）

　　・衛生・防火を考慮する（→設備・構造ともに発展し続けている）
　　・実用本位の庭園を考慮する（→庭を設けること自体，余裕はほぼなし）
　　・共同住宅・田園都市の施設を奨励する
　　　　　　　　（→超高層のいわゆるタワーマンションも出現）

　関東大震災以降，集合住宅が独立住宅に加えて重視されていく時代に入っていくのである。

（2）鉄筋コンクリート造の集合住宅の登場：同潤会によるアパートメント

　関東大震災（1923〈大正12〉年）がきっかけとなり，義捐金をもとに

図 2 - 7　同潤会代官山アパート[13]

設立された財団法人同潤会（1924〈大正13〉年）が住宅供給を行うようになった。同潤会アパート（図2-7）が有名だが，集合住宅だけでなく戸建て住宅も供給された。集合住宅タイプ（16か所）は，残念ながら全て取り壊されている。同潤会アパートの特徴として，接地性のある2階建てから中層6階建ての耐震性・不燃性の鉄筋コンクリート造であり，電気，ガス（炊事および暖房用），水道（水洗便所）などの当時として最先端の建築設備を導入したことがあげられる。また，食堂，洗濯室，シャワー室などの共用空間が適宜設けられていた。各アパートに個性をもたせつつ，配置計画，住戸計画などを熟考し建設した事例であり，日本における集合住宅建設の道を開いたといえる。

（3）戦後：nDK の間取りと中層集合住宅

　第二次世界大戦後は約420万戸の住宅が不足していたといわれ，資材の不足等もあって，限られた面積で新しい住まいを供給することが課題であった。これを解決する一つの背景となった2冊の本がある。西山夘三『これからのすまい』（図2-8），濱口ミホ『日本住宅の封建性』（図2-9）である。そのポイントは「食寝分離」「就寝分離（適正就寝）」「家事労働の軽減」であり，特に西山が主張していた食寝分離を前提とした公営住宅の標準設計51C型（1951年，図2-10）が有名であるが，

図2-8　西山夘三『これからのすまい』（1947年）

図2-9　濱口ミホ『日本住宅の封建性』（1949年）

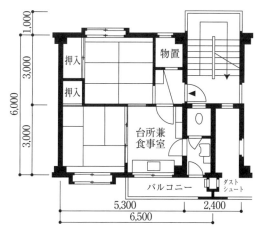

図 2 - 10　1951年公営住宅標準設計51C 型　平面図[12]
40.2m²，設計：東京大学　吉武泰水研究室

　さまざまな試行錯誤を経て，日本住宅公団（1955年設立）によって台所兼食事の場であるダイニングキッチン（DK）と 2 つの寝室をもつ，いわゆる 2 DK の間取りが生み出された。現在，日本全国の不動産情報で平面図に併記されている「nLDK」といった表記のルーツが，ここに誕生したことになる。また，現代では明るいキッチンは当たり前だが，この科目に関連した大きな間取りの変化として，それまでは北側に位置していた台所が，南側の日当たりのよい位置に提案されている。

　また DK の充実として，清潔に使えるステンレスの流しなど，最新の設備がここで導入されている。この流れによって，リビングなどの家族が集まる「公室」と，プライバシーを重視した「私室（＝個室）」で構成される公私室型住宅が成立し，その後の一般的な日本における住まいとなっていく。エアコンが個室に 1 台設置されるその後の時代の素地ができたといえる。

　さて，この nDK の住戸は，鉄筋コンクリート造による 4 ～ 5 階建て

の中層の住棟として建設されることが多かった。何よりも環境面で重要
な点は，このころからしばらくの間は，冬至の4時間日照＋プライバ
シーを重視した**住棟配置**（南面平行配置）（図2-11）がなされたこと
である。そのための**隣棟間隔** $L = \varepsilon H$（グラフから読むと，例えば北緯
35°で冬至4時間日照を得る場合 ε ＝約1.8）の原則（図2-12）が，日
当たりだけでなく，結果として光や空気の良好な環境確保となり，さら

わが国の公営住宅，公団住宅等では南北隣棟間隔を
決める条件として，冬至における最小日照時間4時
間としている。この4階建の場合は21mで，採光
上からもほぼ十分である（東京：戸山アパート）。

図2-11　隣棟間隔を確保した南面平行配置[12]

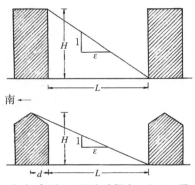

（a）冬至の日照を確保するための隣
棟間隔[12]

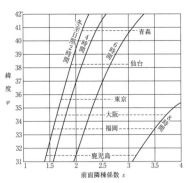

（b）緯度別，冬至日照時間と前面
隣棟係数[12]（真南向きの場合）

図2-12　日照を確保する住棟配置の原則

住棟南面から見る　　　　　　　　　住棟北面から見る

図 2 - 13　住棟まわりの空間（著者撮影）

に住棟まわりの空間整備（プレイロットなどの共用スペース）の充実に
つながっている（図 2 - 13）。

（4）接地型の集合住宅：テラスハウス

　中層の集合住宅だけではなく，2〜3 階建ての低層連続建て住宅も昭
和30年代から建設された。各戸に専用庭をもつものが**テラスハウス**であ
る（図 2 - 14）。接地型の集合住宅であり，開口は南面になるように配
置され，住戸まわりの空間が良好なコミュニティ形成を促し，さらに温
熱，光，空気環境も良好である。しかしながら，有効な土地利用の点で
高密度化が求められるようになり，昭和40年代以降は計画の機会が減少
することとなった。しかしながら，接地型で外部空間が豊かな住まい

図 2 - 14　テラスハウス（多摩平団地）[13]

は，良好な環境確保やコミュニティ形成の点で，現代においても見直されることを期待したい（第3章，第12章参照）。

（5） 高層高密化の傾向

　隣棟間隔を確保した平行配置は，日照を中心とした良好な住環境が得られるが，景観の単調さの解消や土地の有効利用などの点から，**密度**が高まる方向になっていく。さて，この密度という言葉で一般によく知られているのは「人口密度（人/km²）」という指標である。人が過密になっていることを，人口密度が「高い」と表現することにはなじみがあろう。しかし，これは市区町村，都道府県，国レベルといったマクロな視点では便利であるが，住まいについて論じる際は扱いにくいので，ややミクロな視点での密度を用いる。住宅地における広さは，1 ha（＝100m四方の広さ）で考えることが多い。1 ha に何人いるか（人/ha），1 ha に何住戸あるか（戸/ha）である。集合住宅は，これを密度の尺度として計画されている。

　さて，密度を高くした集合住宅にするために，それまでの南面平行配置に代表される冬至の4時間日照を，特に低層階の住戸であきらめることになり，2時間日照の確保で計画がされるようになる。このためアクセス形式が階段室型，片廊下型では対応できなくなり，中廊下型で午前中の日照が得られる住戸，午後の日照が得られる住戸を含めた住棟となる。方位はこれまでの東西軸から，南北軸へと90°ずれた住棟配置になる（図2-15）。

　これによって，各住戸で享受できる温熱環境，光環境はこれまでより不利になってしまう。さらに1棟の居住者も増加するため，音環境やプライバシーの面でも課題が増える。また，住棟まわりの空間も変容していく。例えば，子どもの遊び場などの空間が，特に冬季において，住棟

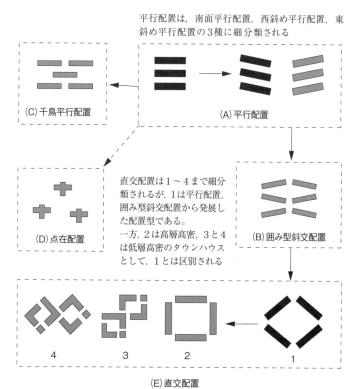

平行配置は，南面平行配置，西斜め平行配置，東斜め平行配置の3種に細分類される

(C)千鳥平行配置

(A)平行配置

直交配置は1～4まで細分類されるが，1は平行配置，囲み型斜交配置から発展した配置型である。
一方，2は高層高密，3と4は低層高密のタウンハウスとして，1とは区別される

(D)点在配置

(B)囲み型斜交配置

4　3　2　1

(E)直交配置

図2-15　住棟配置パターンの類型

によって一日中日陰となる。終日日陰が生じる場合は利用を促すことは難しい。

　特に日本のような限られた敷地規模での高密度な住宅地計画は，建築物としての最新の技術的工夫は行うとしても，快適性に関わる良好な環境条件に対して妥協しなければならない場合がある。

4．現代の住まい

　近年では，建築技術の飛躍的な向上に伴いタワーマンションなど超高

層の集合住宅が増加しているが，かつての住棟配置パターンにはあてはまりにくくなり，太陽と建物の関係が変わってきている。環境面では，居住者の快適性を確保する際に，機械設備の役割がより大きくなっていることは想像に難くない。究極的に簡略化していえば，住宅地の高層高密度化によって，環境的側面と社会的側面の両面において快適な暮らしをするための，「窓がきちんと開けられる住まい」が消滅しつつあるといえるかもしれない。

　最後に一例として，日本の集合住宅の密度特性の傾向を示す（図2－16）。誤解を恐れずに大胆にいえば，密度が低ければ良好な環境が得ら

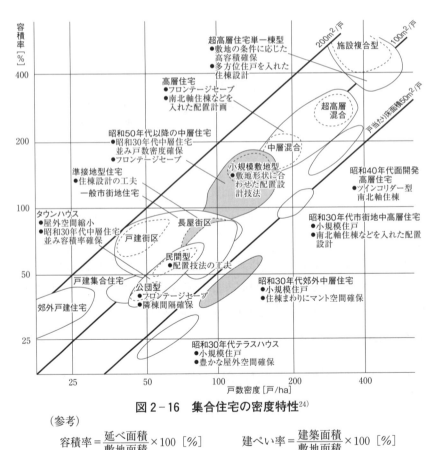

図2－16　集合住宅の密度特性[24]

（参考）

$$容積率 = \frac{延べ面積}{敷地面積} \times 100 \ [\%] \qquad 建ぺい率 = \frac{建築面積}{敷地面積} \times 100 \ [\%]$$

れやすく，密度が高ければ難しくなる。住まいの実際を学ぶにあたって，現在の時流だけに目を向けるのではなく，温故知新の精神で，街を歩いて住まいの実際を観察することもお勧めしたい。

🎵 研究課題

　自分の住まいについて，独立住宅・集合住宅の別，独立住宅の場合は庭の有無やメインの開口部の方位，集合住宅の場合は階数，アクセス形式による分類，メインの開口部の方位を書き出しておく。第10章，第11章を学ぶときに，これらの特徴と関連づけて理解しよう。

　　例えば，

　　→独立住宅の場合：店舗併用住宅で 3 階建て，庭はなし，メインの開
　　　　　　　　　　　口部は南東
　　→集合住宅の場合： 6 階建ての 1 階（接地性あり），アクセス形式は
　　　　　　　　　　　中廊下型，メインの開口部は西

引用・参考文献

1 ）清家清・本間博文『住居 I 住生活論』放送大学教育振興会，1985年

2 ）岡田光正ほか『現代建築学建築計画 2 ［新版］鹿島出版会，2006年

3 ）本間博文『住まい学入門』放送大学教育振興会，1998年

4 ）本間博文・初見学『住計画論』放送大学教育振興会，2002年

5 ）平井聖『改訂版　図説　日本住宅の歴史』学芸出版社，2021年

6 ）日本建築学会編『新訂版　日本建築史図集』彰国社，1992年

7 ）太田博太郎『新訂　図説日本住宅史』彰国社，1999年

8 ）小林文次編『新版　日本建築図集』相模書房，1999年

9 ）伊藤延男編『日本の美術』No.38「住居」至文堂，1969年 6 月

10) 藤岡洋保『近代建築史』森北出版，2011年

11) 藤岡通夫・渡辺保忠・桐敷真次郎・平井聖『建築史』市ケ谷出版社，1996年

12) 日笠端・入沢恒・鈴木成文・大庭常良『新訂建築学体系27　集団住宅』彰国社，1971年

13) 佐藤滋『集合住宅団地の変遷』鹿島出版会，1989年

14) 藤森照信『昭和住宅物語』新建築社，1990年

15) 内田青藏『日本の近代住宅』鹿島出版会，1992年

16) 内田青藏・大川三雄・藤谷陽悦『図説・近代日本住宅史』鹿島出版会，2001年

17) 北川圭子『ダイニング・キッチンはこうして誕生した―女性建築家第一号　浜口ミホが目指したもの―』技報堂出版，2002年

18) 菊地成朋・山口謙太郎・柴田健・田島喜美恵『51C の地方都市における展開―福岡県住宅協会が建設した51C 型住宅』住宅総合研究財団研究論文集No.36，2009年

19) 集合住宅歴史館『集合住宅の源流を探る』独立行政法人都市再生機構 技術・コスト管理部，2019年

20) 建築技術支援協会 LLB 技術研究会『設備開発物語　建築と生活を変えた人と技術』市ケ谷出版社，2010年

21) 小泉信一ほか『集合住宅地』市ケ谷出版社，1991年

22) 建設省住宅局住宅建設課監修『公営住宅の建設』ベターリビング，1990年

23) 日本建築学会編『コンパクト建築設計資料集成（住居）』第 2 版，丸善，2006年

24) 日本建築学会編『コンパクト建築設計資料集成』第 3 版，丸善，2019年

25) 本間博文，畑聰一『住まい論』放送大学教育振興会，2010年

3 | 住まいの実際 ―ソーラータウン府中の家―

田中稲子, 谷口　新

《**目標&ポイント**》　1990年代以降，地球温暖化も含めさまざまな環境に配慮した建築のあり方が盛んに議論されるようになった。現在では環境建築などと総称される。これ以前，1970年代のオイルショックを背景に，建物の省エネルギー化や自然エネルギー利用に熱が注がれた時代から，地球と建築の関係性を問い続ける建築家がいる。本章で紹介するソーラータウン府中の家は，彼が手がけた環境建築であるが，それは長く快適に住める住まいの理想が詰まった家でもある。この家から垣間見られる住まいの環境をとらえることで，本書で扱う「環境」に対する気づきを得ていく。つくり手や住まい手のインタビューが盛り込まれた放送教材も併せて見ることを勧める。

《**キーワード**》　環境建築，園路，スケルトン・インフィル，空気集熱式ソーラーシステム，地役権，コミュニティ，地球環境・建築憲章，住まい方

1. ソーラータウン府中の概要

　ソーラータウン府中はその名のとおり，東京都府中市にあるソーラーシステムを備える16棟からなる戸建て住宅群である。東京都都市整備局が2011年に実施した公募事業「長寿命環境配慮住宅モデル事業」の一環で建てられたものである。採択されたチームによって，住宅地の計画，施工がなされただけでなく，供用開始後数年間のまちびらきのサポートがなされた後，現在まで16棟の住民によるコミュニティが形成されている場である。ここでは建築設計を担当した建築家と計画概要を述べる。

（1） 建築家　野沢正光氏

　野沢正光氏は，日本における**環境建築**の草分けの一人と言ってよいだろう。住宅はもちろんのこと，美術館や学校などさまざまな公共施設の設計を手がけている。文献[1]によると，「建築の環境分野の面白さに足を突っ込んだ」のは，1970年代のオイルショックを経て，パッシブソーラーシステムと呼ばれるような太陽熱利用の建築と出会ってからである。1980年代後半から，自邸をはじめとしてソーラーシステムを導入した建築設計を手がけてきた。1990年代に地球温暖化の問題が社会全体に共有されたとき，この試行と実践が矛盾なく活かされたのは言うまでもない。

　いわむらかずお絵本の丘美術館（図3-1，1998年）は，周辺の丘に溶け込むようにその姿をなし，丘に燦々（さんさん）と降り注ぐ太陽の熱を利用した空気集熱式ソーラーシステムで，利用者に暖かで快適な空間を提供している[2]。三重県の農業高校の改修は（図3-2），現代社会の有する少子化，経済の縮小といった問題にも，減築による改修というソリューションで応えている。利用者（ここでは生徒と教職員）の機能や建築環境に

図3-1　いわむらかずお絵本の丘美術館
＜写真提供＞野沢正光建築工房

図3-2　愛農学園農業高等学校
＜写真提供＞野沢正光建築工房

対する快適性の向上は大前提である。戦後日本のスクラップ・アンド・ビルドを繰り返す短命な建築に対しても疑問を呈している。長く使い続けられる建築というのも，野沢氏が掲げるテーマの一つである。構造や材料が長持ちすることだけが「使い続ける」根拠ではなく，住宅であればその居住者が次の世代まで住みつなげられるような家であり，それを取り巻くコミュニティや文化も含んでいる。ソーラータウン府中は，このような一貫したスタンスの中で生み出された仕組みであり住宅群である。

（2）ソーラータウン府中のコンセプト[4]

　先に述べたように，東京都の公募事業の一環で，都の所有地を活用した分譲地開発として進められた。事業者設計競技の際の事業方針は，①地域特性を活かした高水準な環境配慮，健康・快適で愛され続ける住まい，②住環境に配慮した街区の形成とマネジメントである。

　図3-3に敷地概要を示す。起伏のない閑静な住宅街の中洲のような南北に細長い敷地に16棟が並ぶ。無造作とはいわないまでも，同じ方向に同じ外形の住宅が整列する分譲地とは異なる風景が広がる。公募当時，建築学科の大学生らとともにコンセプトを考え行き着いたのが，公園の中に建つように土地を囲い込まずシェアすることで，多くの良好な住環境を享受するようなまちであったという。中央の通路のように見える家と家の隙間は「**園路**」と呼ばれ（図3-4），この家々の住まいの環境を決定づけている。さらに，このシェアする園路によって，この新たな住宅地のコミュニティも創出されたと言ってよい。その意味や効果については後述する。

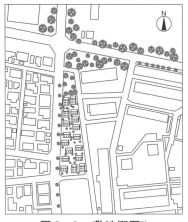

図3−3　敷地概要[3]

図3−4　園路の様子[3]

（3）住宅の特徴[3],[4]

　住宅の環境技術というと断熱性能や太陽光発電などに目が行きがちであるが，後述する「地球環境・建築憲章」に示される「長寿命」や「継承」に対する工夫が，環境建築としてこの住宅地を特徴づけている。この住宅の構造は「木造ドミノシステム」と呼ばれる。この計画より以前から，共同提案者らが実践的に研究してきた長く住み続けられる住まいの仕組みである。木造でありながら，住宅の躯体部分（スケルトン）と間仕切りや内装（インフィル）が別々につくられている。図3−5の内観から読み取れるように，1つのフロアは仕切りのないワンルームの空間で，遮るのは2本の大黒柱のみである。スケルトン部分で耐震性と断熱性は担保されている。設備の配管やダクトは壁に埋め込まれないため，ライフスタイルの変化に応じて間取りや設備を変更することが可能となる。環境建築が議論され始めた時代に，建物の長寿命化の要素技術としてスケルトン・インフィル（SI）住宅が注目を集めたこともある。

表3-1　ソーラータウン府中の家　基本情報[2),3)]

所在地：東京都府中市
竣工：2013年7月
建築設計：野沢正光建築工房，構造設計：山辺構造設計事務所，施工：相羽建設
敷地面積：（16戸平均）132.47m²
建築面積/延べ床面積：（16戸平均）57.71m²/111.07m²
構造・階数：木造・2階建て
設備：空気集熱式ソーラーシステム，太陽光発電
　　　（給湯，冬：暖房・換気，夏：ナイトパージ・換気）

図3-5　A邸内観[3)]

図3-6　A邸断面図[3)]
＜資料提供＞野沢正光建築工房

図3-7　A邸平面図[3)]
＜資料提供＞野沢正光建築工房

この SI 住宅を地元大工の技術で継承可能なように，特殊な金物を使用しない在来工法による施工を可能にした。

　住まいの環境がどのように計画されているかは後述するが，表3-1の設備として**空気集熱式ソーラーシステム**があることで，冬は換気と同時に太陽熱で温めた空気と放射によって暖房している。コロナ禍にあってはレジリエンスを有する技術であるかもしれない。

コラム　空気集熱式ソーラーシステムとは

　ソーラータウン府中の住宅にも導入された空気集熱式ソーラーシステムは，太陽熱を利用している。図3-8に，冬季の昼と夜の一般的な空気集熱式ソーラーシステムの仕組みを模式的に示す。冬季の日中，屋根裏のハンドリングボックスのファンの稼働によって，屋根に設けられた集熱パネル下端の外気取り入れ口から外気が入る。この外気は棟ダクトまで到達する間に太陽熱で温められ，住宅の床下までダクトを通して運ばれる。床下のコンクリートスラブ全体に面的に暖かい空気が供給され，室内の床吹き出し口から供給される仕組みである。この温風による暖房効果だけでなく，住宅の床下に暖かい空気が流れ床板全面が温められるため，床を介して放射熱によって面的に家全体を温める床暖房にもなっている。さらに，日没後は屋根から床下への空気の供給は止めるが，床下のコンクリートスラブは，日中温められた外気が通過することで蓄熱されている。このため，夜間はこの熱が室内側に放熱されることで暖かさが得られる。

　また，夏季は，暖房として使う必要がないため，屋根裏のハンドリングボックスの切り替えで屋外に排熱することもあるが，その熱を温水に熱交換し，日中貯湯する仕組みを備えることで，太陽熱が夏も生活に活かせることになる。夜間は外気を床下に送風する仕組みを活かしてナイトパージを行うことができる。なお，冬季に必要な太陽熱を得るため，屋根の勾配や集熱面積，床下のコンクリートスラブ厚さなどは，その地域の緯度や気候条件等を用いて数値シミュレーションから試算される。天候が悪く日照

が十分に得られない日は，予備ヒーターにより導入した外気を温めて，同様に床下を通す暖房，もしくは他の暖房機器を併用する。

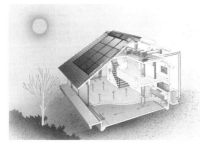 

昼の場合　　　　　　　　　　　夜の場合

図3-8　空気集熱式ソーラーシステム　冬の空気・熱の流れ
＜図版提供＞OMソーラー株式会社

2. 住まいの環境のかたち

（1）熱・空気・光・音のデザイン

　前述した木造ドミノシステムによるシンプルな形態によって，壁の断熱材の施工は容易となり，開口部は複層ガラスとすることで外皮の高い断熱性能を実現している。また，家族の共有空間は一室空間であるため，採光により空間全体に光が行き渡り，明るく開放的な空間が創出される（図3-5）。1階と2階を家族の共有空間と私的空間に分けることで，音環境の秩序も保たれている。

　16戸の住宅それぞれに夏季や中間季に南南西からの卓越風が行き渡るように各住宅を少しずつずらす，隣棟の影響を受けずに採光が十分に得られるようにずらす，これを繰り返した結果，奥行きのある豊かな緑地（園路）

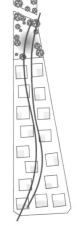

**図3-9
通風輪道と採
光の確保**[3)]

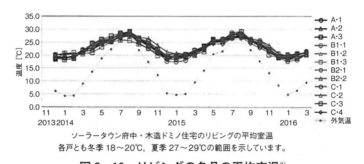

ソーラータウン府中・木造ドミノ住宅のリビングの平均室温
各戸とも冬季18〜20℃，夏季27〜29℃の範囲を示しています。

図3-10　リビングの各月の平均室温[3]
＜資料提供＞東京都立大学（当時首都大学東京）須永研究室

が出現した（図3-9）。通風輪道が確保された敷地から風を得ようと，開口部は可能な限り各方位に設けられた。採光にも用いられる開口部であるが，西日が防げない住宅には日よけ代わりの樹木を植えた。隣棟同士で視線を少しずらす工夫も忘れていない。居住者が心地よく生活する姿を思い描きながら，開口部が丁寧に計画されている。

　開口部は光・視線，空気，熱，音の抜け道でもあり，適切に計画された結果，各季節において適切な室温に保たれていることが分かった（図3-10）。また，2年目以降，日射遮蔽や断熱を意識したカーテンや雨戸の開閉など，居住者が環境調整行動を積極的に図るようになった結果，温熱環境に対する満足度も各季節で向上したことが報告されている[5]。

（2）敷地の環境デザイン：地役権が生み出す環境

　前節でも述べたように，公園のような住宅地は，住まいの環境を適切に計画した結果，家と家が自然と距離を生み，私有地側の植栽によって豊かな園路が形成された。コーポラティブ方式ではなくつくられた住宅地で，初めて顔を合わせる居住者が私有地を共有地として供出して，ともに管理する根拠がここでは重要になる。園路は各地権者相互に結ばれ

街路　　　　　　　　　　　　　園路

サーモグラフィにみる園路（右）と周辺街路（左）の表面温度の比較
（2014年8月18日13時，気温34℃）

図3-11　園路と近隣街路の夏の表面温度の比較[3]（口絵1参照）

＜資料提供＞東京都立大学（当時首都大学東京）須永研究室

る**地役権**（他人の土地を自己の土地の便益のために供する権利）設定契約により，公有地ではなく，各住戸の民有地を集めて生み出されたものである。自分の敷地の1割の土地を供出することで，園路という16倍の便益が戻ってくると理解した方が居住者として名乗りを上げたということも，この住宅地のコミュニティの象徴でもある園路が活用され維持され続ける一因といえるだろう。外遊び場が激減する都市において，子どもが安心して遊ぶ風景がこの仕組みで実現している（図3-4参照）。子育て世代が居住しやすいまちづくりのヒントにもなろう。

　また，この土と緑からなる園路は，夏は豊かな緑陰を形成し，涼しい外部空間が創出されている。夏でも窓を開けて過ごせる空間になる。ソトの環境を計画する必要性を目の当たりにする。図3-11によれば，隣の街区のアスファルトで覆われた街路と比較して，外気温が同じ34℃の日に，平均放射温度は園路のほうが平均3度も低いことが示された。

（3）地球のための環境デザイン

　ここでは，断熱性能を高め，採光や通風にも配慮して，冷暖房や照明設備の使用を最小限に抑えるような計画がなされている。また，給湯は

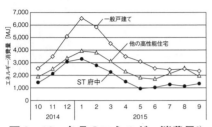

図3-12 各月のエネルギー消費量[3]

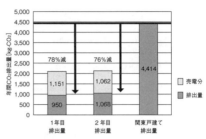

図3-13 年間CO₂排出量[3]

空気集熱の余剰分の太陽熱を利用することも可能である。太陽光発電システムも搭載していることから，省エネルギー・創エネルギーの両者について配慮された家といえる。その結果，図3-12に示すように，各月のエネルギー消費量は，最も多い1月に一般戸建て住宅の5割以下にとどまった。また，他の高性能住宅と比較しても低い値を示している。これを温室効果ガス排出量に換算すると，関東地域の一般戸建て住宅の50%以下であった（図3-13）。太陽光発電による創エネルギー分を含めると4分の1以下となった。パリ協定を踏まえた家庭部門の温室効果ガス削減目標を，この時点ですでに達成していたことになる。

3. 地球環境時代の建築の視点

（1）地球環境・建築憲章[6]

1990年代以降，地球環境時代にふさわしい建築像を模索すべく，世界中で実にさまざまな概念の構築や実践が試みられてきた。ここでは，本書が関わる国内動向のうち代表的なものを解説する。

現在も地球環境建築として新たな概念構築や技術開発が続いているが，日本建築学会が中心となって，建築関連5団体が共同でこれらの対策を「地球環境・建築憲章」（2000年）に集約している（表3-2）。現

在のように専ら省エネルギーや省 CO_2 のみを強調するのではなく，「長
寿命」「自然共生」「省エネルギー」「省資源・循環」「継承」の各カテゴ
リーに整理され，地球環境時代の建築の包括的な概念としてまとめられ
ている。また運用指針に，技術的な対策だけでなく，つくる側およびつ
かう側の意識改革，教育の必要性が明記されている点も特筆すべきであ

表3-2　地球環境・建築憲章の概要

項目	憲章文	運用指針
① 長寿命	建築は世代を超えて使い続けられる価値ある社会資産となるように，企画・計画・設計・建設・運用・維持される。	・住民参加による合意形成 ・新しい価値の形成 ・建築を維持する社会システム ・維持保全しやすい建築の構築 ・変化に対応する柔軟な建築 ・高い耐久性と更新の容易性 ・長寿命を実現する法制度の改革
② 自然共生	建築は自然環境と調和し，多様な生物との共存をはかりながら，良好な社会環境の構成要素として形成される。	・自然生態系を育む環境の構築 ・都市部の自然回復，維持，拡大 ・建築の環境影響への配慮
③ 省エネルギー	建築の生涯のエネルギー消費は最小限に留められ，自然エネルギーや未利用エネルギーは最大限に活用される。	・地域の気候にあった建築計画 ・省エネルギーシステムの開発と定着 ・建設時のエネルギー削減 ・地域エネルギーシステムの構築 ・自然エネルギーの活用に対応した都市の空間構成 ・省エネルギーに寄与する交通のための都市空間 ・省エネルギー意識の普及・定着
④ 省資源・循環	建築は可能な限り環境負荷の小さい，また再利用・再生が可能な資源・材料に基づいて構成され，建築の生涯の資源消費は最小限に留められる。	・環境負荷の小さい材料の採用 ・再使用・再生利用の促進 ・木質構造および材料の適用拡大 ・建設副産物の流通促進による廃棄物の削減 ・生活意識の変革と行動への期待
⑤ 継承	建築は多様な地域の風土・歴史を尊重しつつ新しい文化として創造され，良好な成育環境として次世代に継承される。	・良き建築文化の継承 ・魅力ある街づくり ・子どもの良好な成育を促す環境整備 ・継承のための情報の整備

＜出典＞日本建築学会ホームページより作成

る。ソーラータウン府中の家には，野沢らが目指す長く使い続けられるための工夫や，地球とともに生き続けられる建築の姿が映し出されているように思われる。つかう側の価値観が変わったことが何よりの証しである。

（2）建築の環境調整手法の変化：パッシブシステムの位置づけ

　住まいの空気・熱・湿気・光・音を，いかに居住者の健康を損なわないように衛生的に保ち，快適性を最大限に引き出せるかが，住まいの環境を計画するうえでは主要課題となる。近代以降，この建築の環境調整は，建物の計画によらず，照明設備や空調設備など電気や機械設備で自由に制御するかたちに変化していった。これによって住まい方も一変したと言ってよいだろう。しかし，1970年代のオイルショックや，1980年代後半以降の地球温暖化問題を受けて，電気やガスに依存する室内の建築環境の制御に疑問符が付けられた。健康を損なわず快適に室内環境を維持する際に，電気やガスのエネルギーの使用を最小限にとどめることが命題とされた。改めて現在，屋外気候をうまく取り入れる建築的な手法や住まい方によって建築環境が保てるよう住宅を計画し，居住者が住宅とつきあいながら住まいを育むことの意義が見直されているのである。

　1970年代のオイルショックによって，建築分野はエネルギー問題に直面することになった。省エネルギー対策として，いわゆる省エネ法（エネルギーの使用の合理化等に関する法律）が制定（1979年）され，住宅の断熱・気密化の流れが生まれた。一方，同じ時代に，本来の自然と共生する建築に立ち戻ろうとする動きも起こり，ダイレクトヒートゲインなど，建物自体が自然エネルギーを取り込み室内の環境調整を行うパッシブソーラーシステム（以降「パッシブシステム」と称する）の流れも

生まれた。建築環境の調整法とは，太陽熱を積極的に採暖に活用する点は異なるが，建築的な工夫および住まい方の工夫が問われる点で基本的な考え方は同じである。

　表3-3に，パッシブシステムに用いるためのさまざまな手法を一覧にして示す。屋根や壁といった建物自体の部位に対して施す工夫もあるが，照り返しや樹木など，庭や敷地の計画の仕方で環境調整しようという柔軟な思想が想像できるだろう。第6章以降で，これらの手法の一部について効果や原理を解説する。

表3-3　パッシブシステムの手法一覧[7)]

手法 - 01	屋根の形と熱のコントロール	手法 - 19	空間構成と暖房方式
手法 - 02	屋根の表面と熱のコントロール	手法 - 20	熱特性を活用した空間の構成
手法 - 03	屋根の断熱・保温	手法 - 21	屋根の形と風のコントロール
手法 - 04	屋根の冷却	手法 - 22	壁と風のコントロール
手法 - 05	壁の形と熱のコントロール	手法 - 23	床下空間と通気
手法 - 06	壁の表面と熱のコントロール	手法 - 24	換気
手法 - 07	壁の断熱・保温	手法 - 25	開口部と通風
手法 - 08	壁への蓄熱	手法 - 26	室内空間形と通風
手法 - 09	床の断熱・保温	手法 - 27	建物の形と周辺気流
手法 - 10	床への蓄熱	手法 - 28	照り返しのコントロール
手法 - 11	窓の断熱・保温	手法 - 29	地中温度の利用
手法 - 12	出入り口と熱のコントロール	手法 - 30	地形の利用
手法 - 13	日射のコントロール	手法 - 31	樹木による光と熱のコントロール
手法 - 14	昼光の有効利用	手法 - 32	樹木と風のコントロール
手法 - 15	伝熱タイムラグ	手法 - 33	湖沼池水の利用
手法 - 16	熱と結露	手法 - 34	建築空間と水の利用
手法 - 17	建物の表面積と熱	手法 - 35	材料と湿気のコントロール
手法 - 18	空間形と熱負荷		

コラム　LCCM 住宅や ZEH とは何か

　1990年頃になって初めて，建築が温暖化にどう影響を及ぼすかについて議論されるようになった。建物の運用時に空調や照明・動力，給湯等でエネルギーを使用することで，間接的に温室効果ガスを排出することは容易に認識できる。しかし，さらに資源の採取，材料・製品の生産，設計，建設，運用，修繕，解体，廃棄に至る，建物の寿命（ライフサイクル）の各過程で温室効果ガスを排出することが新たに共有され，その低減が課題の一つとされた。このとき関わる温室効果ガスは複数あり影響度も物質ごとに異なるが，それらを二酸化炭素（CO_2）に換算したものがライフサイクルCO_2（$LCCO_2$）という指標である。建物の運用時の温室効果ガス排出量を削減するため，その省エネルギー性を高めようとすると，断熱材を厚くしたり複層ガラスを採用したりと，材料製造や運搬に新たなエネルギーが必要となる。本来はこのようなトレードオフの関係も含めてCO_2排出量の低減を目指す必要がある。現在，IBEC（一般財団法人　建築環境・省エネルギー機構）の認定事業である「ライフサイクルカーボンマイナス住宅（**LCCM 住宅**）」は，主に建設段階に排出されるCO_2と，運用段階を通して排出されるCO_2を，その住宅自体が太陽光発電などの再生可能エネルギーを創出することで相殺する住宅のことである。木材利用による木材の炭素（カーボン）として固定された二酸化炭素の吸収分や，木質バイオマスの利用等のメリットも評価に含まれることが特徴である。

　第1章で触れたパリ協定などの社会情勢を鑑みて，日本では2016年より段階的に建築物省エネ法（建築物のエネルギー消費性能の向上に関する法律）が施行され，建物の省エネ政策は強化されてきた。また，建築物の脱炭素化のさらなる推進策として，経済産業省主導により，運用時の省エネルギー化と再生可能エネルギーの導入（創エネルギー）により年間の一次エネルギー消費量の収支をゼロにする ZEB（Net Zero Energy Building）が推進されている。住宅版は ZEH（Net Zero Energy House）とされる。ここでは，運用のエネルギーのことだけに視点が向けられているが，温室効果ガスだけが人類の課題，環境の課題ではないことは言うまでもない。

🔔 研究課題

　ご自分の住まいの敷地はどのようなつくりになっているか，改めて見回してほしい。敷地境界はどのような使い方がなされているか，ご近所との接点はどこで生まれているか，住宅のソトに目を向けて書き出してみよう。課題があるとすればどのようなものか考えてみよう。

引用・参考文献

1）野沢正光「環境エンジニアリングの職能」WEB 版『建築討論』2016年10月 2 日
2）野沢正光『野沢正光の建築　詳細図面に学ぶサスティナブルな建築のつくりかた』X-Knowledge，2021年
3）『木造ドミノ住宅「暮らしの性能ガイドブック」』相羽建設株式会社，2017年
4）特別記事「真に長持ちする住宅とは　ソーラータウン府中」『住宅建築』No. 438，2013年 4 月号
5）首都大学東京（当時）須永研究室「長寿命環境配慮住宅モデル事業に関わる省エネルギー・省 CO_2 削減効果に関する調査研究　報告書」2016年 9 月
6）梅干野晃・田中稲子『住まいの環境デザイン』放送大学教育振興会，2018年
7）彰国社編『自然エネルギー利用のためのパッシブ建築設計手法事典　新訂版』彰国社，2000年，p.7

資料協力
東京都立大学（当時首都大学東京）須永研究室：須永修通，熊倉永子，小野寺宏子，中野郁也，宮川結衣（図 3 - 10，図 3 - 11）

4 | 日本の気候特性の見方

田中稲子

《**目標&ポイント**》　気候や風土は，人間や住まいにどう関わっているのだろうか。近代化以前，庶民の住まいは，自然災害や外敵から身を守るため，また農や商の生業の生産性を上げるために敷地が定まり，その土地から得られた材料や加工品を用いてつくられていた。このような住まいをヴァナキュラー建築と呼ぶ。暑さ・寒さなどの屋外気候から身を守り心地よく過ごそうと，限られた資源の中で自然と住まいが形づくられた。住まいの環境とその調整技術を学ぶうえで，気候特性の理解は基盤となるものである。気候と住まいや人間との関わりも意識しながら読み進めていただきたい。
《**キーワード**》　気候，風土，ヴァナキュラー建築，クリモグラフ，適応，生体リズム，サーカディアンリズム

1. 気候・風土と住まい

（1）大地と大気のまじわるところ

　「気候風土」と併せて表現されることも多いが，気候も風土も英訳すればどちらも climate である。堀越[1]は，「気候」とは「その土地の動的な大気現象としての気象の平均的な姿である。1年を通した季節的変化や一日の変動，そして各時期における特色が現れる」として，その最たる成因は太陽の運行と年変化であるとしている。一方，「風土」とは気候や地勢，地味，植生，景色など，文化や人間の気質などに及ぼす環境を指すものとされる。気候はその一部ということになる。「風土」は自然と生活とが一体となって織りなす土地柄を指す場合もあるとされる。

単に即物的な意味での気象現象ではなく，それが人間に作用した結果ま
で含めた現象ということになる。前出の堀越氏はよく三沢勝衛の風土論
を引用して，「大気と大地のまじわるところ」が「風土」だと言及して
いた。三沢勝衛は，諏訪中学校教諭であり，戦前1920年代から30年代に
かけて活躍した地理学者でもあった。彼は，風土というよりは地理学の
概念として，「大地の表面と大気の底面との接触からなる，そこに新し
く構成されて来て居るその接触面」と表した。この「接触面」を「風
土」と呼び，風土性の研究が地理学の主要な使命だと考えていたとされ
る[2]。

　特定地域の風土はそこに住む人々の活動に作用し，長い時間をかけて
さまざまな衣食住の様式を育んできたはずであり，近代化以前の住まい
も大きな影響を受けているはずである。これを**ヴァナキュラー建築**（土
着建築，風土建築）と呼ぶことがある。機械設備に頼ることなく室内の
環境を調整せざるを得ない時代の建築であるため，ここに住まいの環境
調整技術の原点を見てとることができる。近代化以降の汎用性の高い技
術からつくられた，どの地域でも通用する国際建築とは対照的な存在で
ある。

（2）民家気候図

　図4-1に木村建一によって作成された世界の民家気候図を示す。地
域が異なっても，同様の気候特性に特有の類似する民家形態が見られる
というものである[3]。ここで言う民家がヴァナキュラー建築のことであ
る。繰り返しになるが，近代化以前の機械・電気設備によって室内環境
を調整することが困難な時代に，第1章図1-4でみたような変化幅が
大きい気候のもとで室内環境を快適に保とうとすれば，敷地のつくり，
建物の方位やつくり，建築材料もその地域固有のものに依存せざるを得

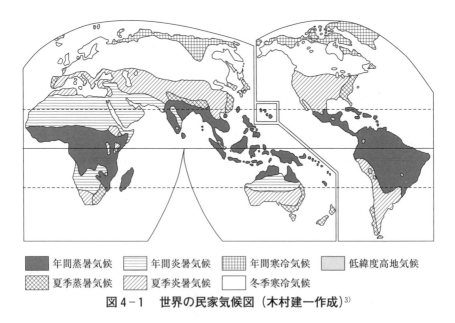

| ■ | 年間蒸暑気候 | ▤ | 年間炎暑気候 | ▦ | 年間寒冷気候 | ▨ | 低緯度高地気候 |
| ▩ | 夏季蒸暑気候 | ▧ | 夏季炎暑気候 | □ | 冬季寒冷気候 | | |

図 4-1　世界の民家気候図 （木村建一作成）[3]

ない。この気候図を見てケッペン （Wladimir Köppen） の気候区分を思い出す方もいるだろう。ケッペンの気候区分は，樹林の有無で気候を分けて，最寒月平均気温や最暖月平均気温から熱帯，温帯，冷帯，寒帯，乾燥帯などに区分したものである （第 5 章第 2 節参照）。民家気候図は地理的に離れた場所でも，気候区分が同じであれば，民家に類似性が見いだされることを示唆している。その土地で見いだされる植生や産出資源は，当然のことながら気候や地勢の影響を受けるため，民家のつくりはその制約を受けた結果とみることができる。

2. 世界からみた日本の気候特性

（1）概要[4]

　日本は南西から北東にかけて弓状に分布する列島であり，南北の緯度

約20度から45度に位置する。北欧や西欧に比べて緯度が低く（図4－1
参照），モンスーン域の東端に位置する温暖な地域である。夏は小笠原
高気圧と呼ばれる熱帯気団の影響を受け，南の太平洋上から南東の季節
風が吹き，高温多湿な気候となる。一方で，冬にはシベリア高気圧によ
り寒冷な北西の季節風が大陸から吹きつけるため，沖縄と九州の南部を
除き冬の寒さが厳しい。このため，日本の大部分の地域では，住まいは
夏と冬の二刀流の備えが必要になる。次項以降，住まいや敷地の環境計
画を考えるうえで重要となる気温・相対湿度，日照時間，降水量，風
向・風速の特徴を概観する。

（2）気温と相対湿度：クリモグラフから読み取る

　図4－2に世界の代表的な都市と東京の**クリモグラフ**を示す。クリモ
グラフとは，横軸と縦軸に2つの気候要素をとり，月平均値を折れ線で
結んでできた図形のことである。建築環境工学では一般的に横軸に相対
湿度，縦軸に気温をとる。これによって，その都市の1年間のおおよそ

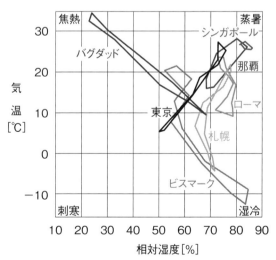

図4－2　世界の都市のクリモグラフ

＜出典＞環境工学教科書研究会編著『環境工学教科書第二版』（彰国社，2001年），
　　　　日本建築学会編『建築設計資料集成1　環境』（丸善，1978年）をもとに作成

の気候特性を理解できる。すなわち，グラフの右上の領域にクリモグラフが位置する場合，その地域は相対湿度が高く気温も高い蒸し暑い季節を有するといえる。逆に，右下の領域に位置する場合は，相対湿度が高く極寒の季節を有する，すなわち冬は降雪が見込まれる地域であると推測できる。同様に，グラフ左下は刺寒，左上が焦熱と呼ばれる気候特性を意味する。

　ここで，東京に着目すると，他都市に比べ，刺寒から蒸暑にかけて直線状にクリモグラフが伸びている。すなわち，1年の中で乾燥した寒い冬と蒸し暑い夏の両方を私たちは体験していることを意味する。シンガポールであれば，1年を通して「蒸暑」に近い領域にあり，季節にかかわらず蒸し暑い気候であることが読み取れる。この場合，暑さが厳しかったとしても冬の対策は不要となるため，住まいの環境調整の目指すところは，日射を遮へいすることと風通しをよくすることになるだろう。日本の場合は前述のとおり，冬の寒さと夏の蒸し暑さに対する環境調整という二律背反する困難な課題解決が迫られているといえる。

（3）日照

　さて，気候の変化をもたらす大きな要因が太陽であることは前節ですでに述べた。住まいの環境とその調整方法を考えるうえでも，日照時間，太陽高度，太陽方位，日射量を知ることは重要である。太陽高度や太陽方位に関わる太陽の動きや，日射量については第10章，第11章で述べるため，ここでは日照を扱う。

　まず，日照権という言葉があるように，住まいにとって日照は最重要項目ともいえる。室内の採光を考えれば当然のことだが，高度な照明器具が普及する現在では，採光のための太陽光は不要とする見方もあるかもしれない。ある住まいに日照が得られるということは，南向きの住宅

の前方に，迫りくる建物がないことを意味する。別の見方をすると，前方に余剰空間があるため通風が阻害されず，隣家との適当な距離によって騒音の影響も少なくなる。前庭があればプライバシーも守れるだろう。日照は，居住環境の健全さを表す指標になることに気づける。

図4-3に，各地の日の出と日の入り時刻の月別変化を示す。グラフ上部と下部の間は可照時間と呼ばれるが，ここでは日照時間の目安として緯度による違いをみていく。日照時間は直射日光が照射した時間であり，実際には天候の影響を受ける。赤道に近いシンガポールでは，1年間を通して可照時間はほぼ同じである。日が短くなったと夏を惜しみ，日が長くなったと春を待ち望む心の機微は，日本とは異なりそうである。またストックホルムは，北欧のスウェーデンの首都であるが，冬の可照時間は東京より2時間ほど短く，逆に夏は2時間ほど長い。いつまでも日が落ちない光景は日本に住む者には想像し難いが，1年でもわずかしかない暖かな季節に長い黄昏時を楽しむ習慣があると聞く。それを邪魔しない照明器具や内装選びが重要になりそうである。

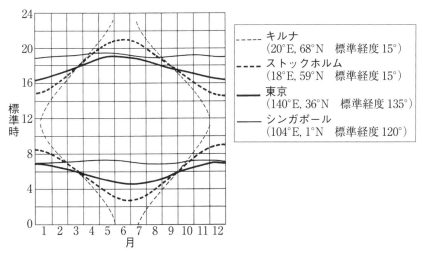

図4-3　世界の都市の日の出と日の入り時刻の月別変化[5]

表4-1　日本各地の月別日照時間と日照率[6]

地　名	緯　度	1月		4月		7月		10月	
		日照時間 [h]	率 [%]	日照時間 [h]	率 [%]	日照時間 [h]	率 [%]	日照時間 [h]	率 [%]
札　幌	43°03′	101	35	202	51	194	42	166	49
秋　田	39°43′	51	17	191	48	180	40	163	47
仙　台	38°16′	153	50	204	52	135	30	148	43
東　京	35°41′	186	60	178	46	164	37	135	39
静　岡	34°58′	207	66	187	48	168	38	158	45
金　沢	36°33′	63	20	189	48	183	41	152	44
大　阪	34°41′	149	48	194	50	203	46	166	47
福　岡	33°35′	109	35	184	47	190	43	190	54
鹿児島	31°34′	147	46	169	44	205	47	196	56
高　知	33°34′	198	63	191	49	193	44	187	53
那　覇	26°14′	108	33	159	42	282	67	187	52

（1940年～1970年の平均。日照時間の新しいデータは各年の理科年表参照）

　ここで，日本各地の日照時間をみると（表4-1），地域差があるが，冬季は日本海側と太平洋側で大きく異なる。東京では12月，171時間/月の日照が得られるので，1日当たり5.5時間に相当する。一方，金沢は70時間/月，1日当たり2.3時間のみである。近代化以前は，建築意匠にみられる陰翳（いんえい）や色彩のとらえ方は異なったであろう。次節で述べるように太陽光は人間の生理的機能にも影響を及ぼすため，日照を得る住まいの工夫は必要不可欠であるが，冬に開口部からの熱損失が大きくならないよう窓の断熱は必須といえる（第11章第2節参照）。

（4）降水量

　モンスーン域に位置する多くの国々には雨季と乾季がある。日本では梅雨と呼ばれ，疎ましく思う読者もいるだろう。しかし，日本列島の中央には山脈が分布し，山脈から平野部を介し海岸に至るまでの距離が短いため，この降水や冬の積雪によって得られる水資源をふんだんに生活

に取り入れることができた。日本の風土を特徴づけてきたといえる。先進国と呼ばれる国々で，年間降雨量が1500mm を超える都市はそう多くはない。図4-4に世界の都市と日本の都市の降水量を示す。モンスーンの影響を受ける北京は7月の降水量が最も多く，東京よりやや多いほどであるが，ロンドンやニューヨークでは1年を通してほとんど変化がない。

　また，日本の中でも地域によって特徴が分かれる。東京は梅雨時に降水量が多いと思われがちだが，実際には秋の長雨のほうが多く降る。図4-1で，日本で唯一冬季寒冷地域にあたる北海道・札幌では，梅雨がない代わりに，降雪により降水量が冬季に多くなる。また，鹿児島は東京の比ではないほど梅雨時に降水量が多い。日本には雨を表す言葉も多

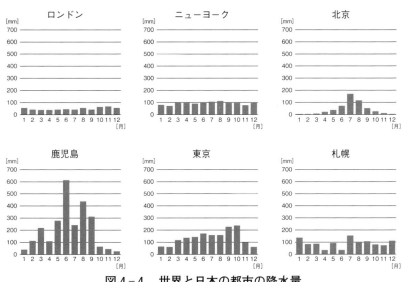

図4-4　世界と日本の都市の降水量
＜出典＞『理科年表』[7]より作成

いといわれるが，住まいにもさまざまな特徴が表出する。大きな傾斜屋根もしかりで，軒や庇には日射を遮る機能があるが，雨から建屋を守る機能もある。小雨であれば窓を開けて，雨音を聴きながら物思いにふけることもできる。雨水をためて庭木に水遣りをする読者もいるだろう。古くは降水時に民家の茅葺屋根が適度に水分を含むことで，晴れた日には蒸発による冷却効果が得られていたはずである。今でも民家園などに行くと，晴れた朝に茅葺屋根から白い湯気があがる様子が見られることがある。集落にその光景が広がっていたとすれば，大変美しいものであっただろう。

（5）風況

　さて，先述のとおり日本列島の中央には山脈が連なり，山から平野にかけて風が吹き降ろす地形になっている。このような卓越風または季節風には各地で名称が付けられていることが多い。六甲おろしは有名だが，関東のからっ風もしかり，主に冬に悪さをする風として受けとめられ，その特徴は，屋敷林や防風垣が設けられるなど，住まいの敷地のつくりに表出されることが多い。日本の特徴は夏蒸し暑く冬寒いことであると述べたが，中間季が長いことも特長といえる。その清々しい空気を住まいに取り込むことを日常的に行おうとすれば，住まいの開口部の方位や配置を適切に計画するため，中間季や夏の季節風の風向を知ることが重要であることに気づく。敷地のつくりも踏まえたうえで，各季節の風向は日照と併せて家屋の方位を決める重要な要素となる。表4-2に日本各地の風向と平均風速を示す。読者の居住地域の季節風の方位をぜひ確認していただきたい。

表 4 − 2　日本各地の月別最多風向と平均風速[6]

地　名	1　月		4　月		7　月	
	最多風向	平均風速 [m/s]	最多風向	平均風速 [m/s]	最多風向	平均風速 [m/s]
札　幌	NW	2.3	SE	3.7	SE	3.0
旭　川	S	1.8	WNW	2.5	WNW	2.1
青　森	SW	4.0	SW	3.6	ENE	2.6
秋　田	NW	5.3	SE	4.4	SE	3.4
仙　台	WNW	2.9	SE	3.0	SE	2.0
東　京	NNW	3.4	NNW	4.3	S	3.6
静　岡	WSW	3.1	NE	3.2	S	2.7
金　沢	SW	3.3	E	2.7	E	2.1
長　野	E	1.9	WSW	3.6	WSW	2.5
大　阪	W	3.2	NE	3.1	WSW	2.8
福　岡	SE	3.9	N	3.4	SE	2.9
鹿児島	NW	3.2	WNW	3.1	WNW	3.0
高　知	W	2.2	W	2.1	W	1.8
那　覇	NE	6.2	SSW	5.0	SW	5.4

3．人間の気候への適応

（1）人間の気候への適応

　長い年月をかけて住まいが風土に育まれてきたように，人間自身もその影響の中で進化を遂げてきた。まず，第二の皮膚ともいえる衣服に着目すると，高温乾燥地域では全身を布で覆い強い日差しの影響から人間を守るような衣服の特徴を有するが[8]，ヴァナキュラー建築もまた外界に対して閉じた建物のつくりとなることが多い。また，蒸暑地域の人々が着用するのは，袖や裾が短く風通しのよいつくりの衣服，すなわち発汗や気流で人体が排熱しやすい開放的なつくりの衣服であり[8]，住まいもまた開口部が大きく設けられ，湿気や熱を排出しやすいつくりになっている。ヴァナキュラー建築と伝統的な着衣のつくりには類似性がある

ことに気づく。また，居住する地域によって，強い日差し，または，少ない日照から身を守るために皮膚の色や目の色が異なるといわれるように，人間そのものも，生命を守るために多様な進化（**適応**）を遂げてきた。

　皮膚や目など人間の身体の外郭のつくりとは別に，内部も外界の環境変化の影響を直接受けて生命が絶えることのないよう，ホメオスタシス（内部恒常性）と呼ばれる機能を備えている。これは，気温が変化する環境下においても体温を一定に保つといった，人間が備える生理的な機能である。風土と呼ばれる類いのものよりも，はるかに長い年月によって培われた機能である。ホメオスタシスは，自律神経や免疫，内分泌（ホルモン）の相互作用によって維持されているといわれる。例えば，暑熱環境では発汗によって身体から熱を放散し，温度上昇を妨げ，寒冷環境ではふるえによって熱を生産し，血管を縮め放熱を抑えるなど，体温が一定に保てるような体温調節系を備えているが，これは人間のホメオスタシスによるものである[9],[10]。

　前述の衣服や住まいの進化は，気候に対する社会的な適応といえるが，人間のホメオスタシスや遺伝的な多様性は，さらに長い年月の中で遺伝的に培った人間自身の生理的な適応の過程とみることができるだろう。このように人間は，常に周囲の環境の作用を受け，生命を維持できるように適応してきた。

（2）サーカディアンリズム

　クレイトマン（Nathaniel Kleitman）は1952年に，乳児の1日の睡眠と覚醒の観察調査結果を発表している[11]。生後から9か月後にまで及ぶ調査は相当根気のいる作業だったに違いない。これによれば，生まれた直後は覚醒と睡眠を不定期に繰り返すが，生後3週から15週にかけては

約25時間の周期でこれを繰り返すことが分かっている。さらに，生後16週以降はこの周期が約24時間になり，成人と同じ周期になることが明らかにされた。この**生体リズム**のことを**サーカディアンリズム**（概日リズム）という。近年になり，太陽光に含まれる特定の波長域の光の関与が高いことや，目の網膜に錐体や桿体とは別の非イメージ形成の視覚に関わる細胞が認められることなど，ヒトの生物時計機構がしだいに明らかにされつつある[12]。太陽光以外に，食事や運動などもサーカディアンリズムに影響を及ぼすことが知られるが，影響は太陽光のほうが大きいとされる。具体的には，目の網膜に照射される太陽光の量の変化によって，メラトニンという脳内ホルモンの分泌が制御されることが分かってきた[12),13]。図 4 - 5 に示すように，朝の日差しを浴びることで，メラト

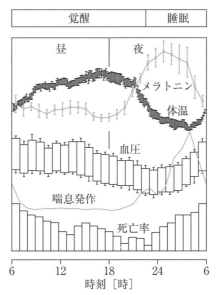

図 4 - 5　　1 日のメラトニンの分泌量変化と睡眠・覚醒[14]

ニンの分泌が抑制され，交感神経が活発になり，人間の昼間の活動的な生活を促す。日が沈み目に太陽光が照射されなくなると，メラトニンの分泌量が増え，副交感神経の働きを強め，安静に睡眠を導く[14]。人工照明の分野では，すでに人間の生体リズムを乱さない波長の夜間照明のあり方や，日中と夜間で光の色温度を変えるサーカディアン照明など，商品化が始まっている。また，加齢に伴い，１日の中での深部体温の変化幅が若年者よりもわずかであるが小さくなり，睡眠時間数が減り，覚醒・睡眠の生体リズムが乱れることがある。高齢者等の生体リズム障害の治療に高照度療法が用いられるケースもあるが，本来は，採光に十分配慮した住宅や施設のつくりによって高齢者の QOL（Quality of Life）を高める住まい・施設を目指すことが望まれる。また，ほ乳類であるヒトは恒温動物だが，体温は１日の中で変化しており，これは体温に表れるサーカディアンリズムともいえる。メラトニンが分泌され安静になった夜明け前に深部体温は最も低くなる。前述のように，居住者の生体リズム，すなわち健康を考慮すれば，敷地の日照条件や住まいの採光計画が重要であることを理解されたい。

🖰 研究課題

　気象庁のホームページ等で，自分の住んでいる地域の１年間の気候特性を調査してみよう。気温，相対湿度，風向など基本データを確認してみよう。このとき，他の対照的な地域の気候特性と比較すると，自分の住む地域の気候特性への理解が進む。ソトとしての気候を適切にとらえることで，他章の研究課題でウチについて考える際にヒントになるはずである。（参考：気象庁「過去の気象データ検索」https://www.data.

jma.go.jp/obd/stats/etrn/index.php）

引用・参考文献

1 ）堀越哲美ほか『建築学テキスト　建築環境工学』学芸出版社，2009年
2 ）宮坂広作『風土の教育力　三沢勝衛の遺産に学ぶ』大明堂，1990年
3 ）木村建一「第 3 部論考／形態は環境に従う」『建築雑誌』Vol. 129，No. 1654，日本建築学会，2014年，pp. 30-31
4 ）梅干野晃・田中稲子『住まいの環境デザイン』放送大学教育振興会，2018年，pp. 89-90
5 ）同上，p. 129
6 ）山田由紀子『建築環境工学』培風館，1997年，p. 35
7 ）自然科学研究機構国立天文台『理科年表』丸善出版，2021年
8 ）田村照子『衣服と気候（気象ブックス039）』成山堂書店，2013年，pp. 144-152
9 ）山崎昌廣・村木里志・坂本和義・関邦博『環境生理学』培風館，2000年，pp. 53-57
10）大野秀夫・堀越哲美・久野覚・土川忠浩・松原斎樹・伊藤尚寛『快適環境の科学』朝倉書店，1993年
11）日本建築家協会環境行動委員会編『「環境建築」読本』彰国社，2005年，p. 105
12）岩田利枝「光の生物時計機構への影響に関する研究の進む方向」『照明学会誌』Vol. 96，No. 10，2012年10月，p. 693
13）髙雄元晴「生物時計に対する光の作用機構」『照明学会誌』Vol. 96，No. 10，2012年10月，pp. 694-699
14）本郷利憲・廣重力・豊田順一監修『標準生理学』医学書院，2005年，p. 843，図13-25（分担執筆者：北海道大学名誉教授　本間研一）

5 │ 世界と日本の住まいとまちのかたち

│ 谷口 新，山本早里

《**目標＆ポイント**》 住まいというものは，敷地があって初めて存在するものである。当然，周辺環境を考慮した住まいのデザイン（例えば，日の入り方を意識した窓の大きさや位置），外部空間（例えば庭）の取り方等々がある。同じ敷地面積でも，南側に高い建築物があれば日が入りにくいといった諸条件が敷地ごとに異なるため，住まいをつくることは一品生産モノと等しいはずである。しかしながら，現代日本において住まいが新築される際には，主材料で分類すれば，木造，鉄筋コンクリート造，鉄骨造の3つに集約でき，冷暖房をはじめとした建築設備がほとんどの住まいに設けられ，住まいが一品生産モノではなく，例えば自動車が工場で大量に生産されていることに近くなっている。この傾向はほぼ世界的にみても同様で，地域特性が失われた画一的な住まいとなっている。

　一方で，近年は特に目にする「環境に配慮」「地球にやさしい」といったキーワードが独り歩きしてしまい，住まいが追いついていないことも，残念ながら否定できない。そこで本章では，環境と住まいの関係がシンプルであるヴァナキュラーな住まいを通して，現代住宅における環境との共生について考える機会としてもらいたい。

《**キーワード**》 生きものたちの巣，環境的側面，シェルター，ヴァナキュラー，社会的側面，鉄，ガラス，コンクリート，近代建築，景観

1. 生きものたちの住まい

　地球上には人間のほかに，さまざまな生きものが生息している。生きものである以上，生命の維持の仕方はさまざまである。ここではごく一部であるが，人間と同様に大地に集団で生息している動物の住まいにつ

いて，自然の中でどのような巣をつくっているかを確認する。

（1）シロアリのアリ塚

　わが国でシロアリといえば，土台などがヤマトシロアリの被害に遭うことで，木造住宅にとって大敵というイメージがあろう。しかし，ここで紹介するナイジェリアのサバンナに住むシロアリは，木材の中で活動するものではなく，大きな巣をつくるものである（図5-1）。この例は熱帯のもので，土を巣の原材料としている。内部にも空間があり，中の温度と外気温についてみれば，巣の内部のほうが5℃ほど低い温度で安定している（図5-2，5-3）。さらに，換気用の穴とダクトがつくられており，酸素と二酸化炭素のバランスをとるように空気が循環しているという。まさに人間の住まいと同様に，温熱環境，空気環境への配慮がされているといえよう。

図5-2　アリ塚の断面[1]

図5-1　巨大なアリ塚
<写真提供>ユニフォトプレス

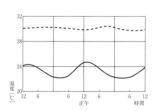

図5-3　アリ塚の巣の
中の温度と外気温[1]

（2）プレーリードッグの地下トンネル

　北米の草原に生息しているプレーリードッグは，大地にトンネルを掘って地中に巣をつくる（図5-4）。複数の出入口をもち，また部屋がつくられ，地中深くではそのトンネルが平面的に広がって，大きなまちとなっているそうである。このようなかたちは，外敵の侵入に対して逃げる際に有利であることはもちろん，特に換気の面で都合がよい。人間の住まいでも，風が通る入口と出口があることが効果的であることは，誰しもが経験的に理解している。生物学者ウィルカムが夏季と冬季に地表から約1m下のトンネルで温度を測定した結果，地表面に比べて温度変化の幅が小さいことが報告されている。

図5-4　プレーリードッグの巣[1]

（3）共通する機能は何か

　この2つの例以外にも，**生きものたちの巣には多種多様なかたちの**ものがある。ダムをつくり，森の建築家とも呼ばれるビーバーは，巣の入口が水面下になるようにしている。鳥類の巣も，その生態によってさまざまな工夫がされている。それぞれ個性的であるが，共通することは何かと考えると，生息する**環境的側面**において，日射から身を守る，他の動物から身を守る……といった，巣の外側の自然環境に対するシェルターとしての機能がある。人間の住まいも同様に，まずシェルターとしての機能が考慮されている。第3節でヴァナキュラーな住まいとして，特徴的なかたちを持ついくつかの事例を紹介する。

2．世界の気候

　太陽のまわりを公転する地球の表面は，7割が海洋で3割が陸地で構成されている。陸地の中にも人類の居住に適さない場所があるため，地球規模でみるとごく限られた地域で生活してきたことになる。特に気候の違いが，人々の生活に影響を大きく及ぼしていることは言うまでもない。狩猟生活から農耕生活，そして産業革命といった流れにおいて住まいの様相も変化しているが，元来，住まいにおいては，身近に手に入れることができる木，土，石などの自然素材が使用されてきた。特に樹木があるかないかには植生が関係してくるため，ここで気候について簡単に確認しておきたい。

　気候を構成する主な3つの要素として気温，降水量，風がある。これらの地理的な分布や時間的な変化には，緯度，海抜高度，地形，海流などが影響する。世界地図では，例えば平均気温による等温線の分布図などが有名である。

　しかし，住まいのかたちと気候との関わりを考える場合は，使用する建築材料が何か，またそれをどのように組み立てていくかということを理解しなければならない。

　その第一歩として参考になるのが，ドイツの地理学者ケッペン（Wladimir Köppen）による気候区分である（図5−5）。植生の分布が気候を総合的に表していることに着目して，陸地を気温と降水量をもとにグループ分けしたものである。この区分は，まず樹木の有無で分けられる。樹木があるのは熱帯，温帯，冷帯であり，樹木がないのは乾燥帯（水がなく樹木が育たない），寒帯（低温で樹木が育たない）となる。さらに降水量と気温で細分化される。もちろん，この区分のスケールは住まいを考えるうえではマクロな視点であり，もう少しミクロな視点も含

74

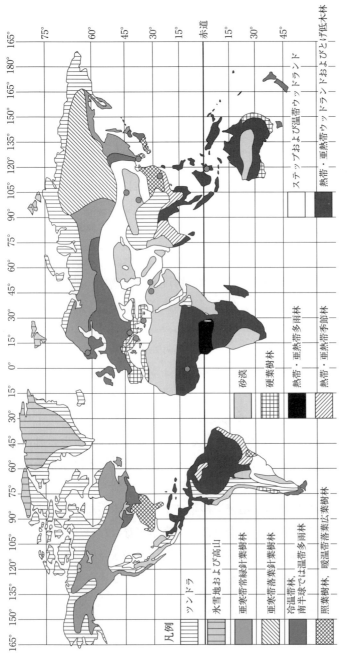

図 5-5　植生による世界の気候区分 (1993年当時のもの)

凡例

ツンドラ

氷雪地および高山

亜寒帯常緑針葉樹林

亜寒帯落葉針葉樹林

冷温帯林、
南半球では温帯多雨林

照葉樹林、暖温帯落葉広葉樹林

砂漠

硬葉樹林

熱帯・亜熱帯多雨林

熱帯・亜熱帯季節林

ステップおよび温帯ウッドランド

熱帯・亜熱帯ウッドランドおよびとげ低木林

める必要があるが，大雑把に人類は，樹木が豊富な地域では木を，そうでない地域では土や石を，身近な建築材料として使用してきた。その素材の特徴に応じた固有の技術を背景に，住まいがつくられてきたということを忘れてはならない。

3．ヴァナキュラーな住まいの知恵と工夫

　ヴァナキュラーは風土的なという意味合いをもつ。この風土の概念は，「その土地固有の気候・地味など，自然条件。土地柄。特に，住民の気質や文化に影響を及ぼす環境にいう」（『広辞苑』）であるが，本節ではまず，「地域固有の素材を固有の方法でつくった住まい」という視点で紹介したい。

（1）風を取り入れる住まい：イランの通風塔のある住まい（図 5 - 6）

　乾燥帯に属し，樹木が育たない地域である（BW：砂漠気候）。暑さをしのぐ工夫は風をどう取り入れるかで，例えば日本では開口部（窓）から風を入れる。日本のような柱や梁による軸組による住宅は，煉瓦や石を積み上げてつくるよりも開口部がつくりやすく，また温暖な地域であるので，窓と庇の工夫で対応している。しかし，乾燥地帯では，建物のかたちに対策の特徴がある。日差しが入ってくる開口部（窓）を大きくすることは，室内の温熱環境の視点では不利である。

　この地域では土を素材にした日干し煉瓦を用いるが，日干し煉瓦はブロック状で，木造のように棒状の素材を組むことはできないため，積み上げていく方法となる。この方法では壁面に開口部を大きくとるのは難しいため，室内へ侵入する日射を抑えられる半面，室内に取り込みたい風も制限されることになる。この事例におけるさらに積極的な工夫が，「通風塔」と呼ばれる部分である（図 5 - 7）。建物壁面の開口部よりも

図5-6　イラン　通風塔のある住
まい6)

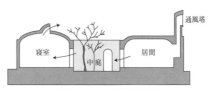

図5-7　断面図6)

高い位置から風を取り込んで室内へ導いている。風の入口と出口という
基本に忠実である。

(2) 地下の住まい：中国の窰洞

　土からできた日干し煉瓦を積み上げてつくった住まいを紹介したが，
これは足し算的につくった空間であった。逆に引き算的につくる事例も
ある。それは土を掘って空間をつくるもので，有名なものが黄土高原の
硬い土を利用した窰洞である。かつては森林が豊富であったとのことだ
が，しだいに森林が減少し，建築材料としては土が身近なものとなっ
た。立地が平坦か斜面地かによっ
て当然，2つの掘り方がある。前
者のケース（図5-8）は「下沈式
（シャーチェン式）」といわれるも
ので，地上から中庭へは階段で降
りていく。

　青木志郎らの調査7)によれば，
深さ6m前後の穴を掘り，これを
中庭（60～250m²程度）とする。

図5-8　窰洞の中庭
<写真提供>ユニフォトプレス

その中庭の四方の面に横穴を掘って，空間をつくった住まいである。これが可能になっているのは，この地域の土質が細かく垂直に裂ける性質であることによる。外敵や黄砂から身を守るのに適したかたちをしている。特に温熱環境は，地中の温度が1年を通して安定していることを利用している。したがって夏に涼しく，冬に暖かい住まいといわれている。日本で井戸水が夏は冷たく，冬は温かく感じることから，地中の温度が一定であることを思い出すとよい。土にもぐって冬眠する動物にも通じると思われる。

（3）移動できる住まい：モンゴルのゲル

　乾燥帯に属し，樹木は育たないが草原がある地域である（BS：ステップ気候）。これまで見てきたものは定住生活における住まいであったが，1か所にとどまらない移動生活がある。そのための住まいとして有名なのがゲルと呼ばれる住まいである。日本での住まいは，移動するということがほとんど考えられない。あるとするとキャンピングカーがあげられるが，これは建築ではない。

　話を戻すと，このゲルには移動するための工夫がある。磯野富士子の調査によれば，「ハナと呼ぶ竹矢来のように組んだ木製の柵を円形につなぎ（図5-9），その上に，カラカサの骨のように開く天井をのせ，その全体をフェルトで包んで，革紐で縛りつけたものである」[8]。もちろん，移動するためには解体時も考慮しなければいけないので，軽量でコンパクトであ

図5-9　モンゴル　ゲルの骨組み[8]

る。わが国では防災意識が高まっているが，一時的にある場所で一定期間過ごす必要があるときは，このゲルの根本的な考え方は無視できないだろう。

（4）石を積んだ住まい：アルベロベッロのトゥルッリ

　イタリア南部のアルベロベッロは，温帯に属する地中海気候（Cs）で，日差しの強い夏に雨が少なく，石灰岩が豊富な場所にある。この地域では住まいの材料として，樹木よりも身近で豊富にある石灰岩を用いている。

　世界遺産（1996年登録）として知られるトゥルッリという住まいは，壁，屋根とも石灰岩でつくられている（図5-10）。石灰岩を切り出したものを積み重ねてつくるため，先に述べた日干し煉瓦の住まいと同様に，開口部を大きくとることが難しい。壁面の仕上げは石灰（漆喰）で白く塗られている。壁は厚く（外壁と内壁の二重），室内は夏涼しく，冬暖かいといわれている。外壁では日射を反射し，内壁では小さい開口部からの光を明るく見せる効果がある。屋根は，石灰岩を薄くスライスしたものを同心円状に積んだだけである。結果として円錐形の屋根を形成して，美しい景観となっている。このような単純な構造になっている理由には諸説あるが，屋根を外すことによる解体しやすさは，領主による居住者への懲罰のためや，住まいに対してかかる税の取り立てを回避するためともいわれている。社会的な側面が含まれる住まいのかたちの例といえよう。

図5-10　アルベロベッロ　トゥルッリ

（5）日本のヴァナキュラーな住まい

　日本はほぼ温帯に属しており，一部を除けば温暖湿潤気候（Cfa）であり，樹木を身近な素材として用いることができる。一番素直なつくり方は，柱と梁による軸組による。さらに屋根の形状は，雨のことを考慮した勾配がつけられている。このような木造軸組式と勾配屋根は，日本の風土に合わせたかたちであることは言うまでもない。日干し煉瓦や石のように積み上げて壁をつくる方法では小さな開口部しかとれないが，軸組による日本の伝統的な木造は，開口部を大きくとることが可能である（逆に言えば，壁をつくるほうが手間がかかる）。そのため，風通しには有利な住まいになる。

　補足すると，日本の伝統的住宅の三様式は農家，町屋，武士の住まいである。第2章では，本科目で主に扱う現代住宅（一般的な都市住宅）に至る住まいの変遷を追った。そのため，武士の住まいについては紹介したものの，農家（図5-11）と町屋には触れなかったが，両者とも木造で，軸組式で，勾配屋根であることは共通したかたちである。しかし，鉄筋コンクリートが建築に採用されるようになってから，このかたちは徐々に変化し，ヴァナキュラーな要素は消えていくことになる。

図5-11　日本の農家　北村家住宅[14]

（6）生きものの巣と人間の住まいとの比較

　生きものたちの巣について限られた例を紹介したが，その生態も，巣のかたちもさまざまであった。しかし，共通することは何かと考えると，日射から身を守る，他の動物から身を守る……といった巣の外側の自然環境に対するシェルターとしての機能があることである。人間の住まいも同様に，まずシェルターとしての機能が考慮されており，これは環境的側面である。夏の暑さや冬の寒さはもちろん，特に日本においては地震や台風や積雪などの自然災害も忘れてはならない。ただし，人間は集団で生活しており，**社会的側面**によって住まいのかたちが決まることも少なくない。

4．現代の住まいの傾向

　これまで「地域固有の素材を固有の方法でつくった住まい」について概観してきたが，現在ではなかなか見ることがない。その理由として，産業革命以降，「**鉄**」「**ガラス**」「**コンクリート**」が大量生産されるようになり，建築に使用され現在に至っていることがある。いわゆる**近代建築**と呼ばれるもので，結果として，鉄筋コンクリート造の同じような四角い建物が世界中に普及している。言い換えれば「工場生産された限られた材料（鉄・ガラス・コンクリート）でつくった住まい」ということである。したがって，日本における住まいは，大昔から発展し続けてきた木造，先に述べた近代以降につくられ始めた鉄筋コンクリート造，鉄骨造のどれかになると考えてよい。この科目の各章において対象とした住まいも例外ではない。

　ヴァナキュラーな住まいは，その地域固有の熟練した技術が支えてきたが，伝承が難しくなっている。逆に現代では，個人の技術力に左右されない簡便な施工方法が開発されているため，私たちの身近なところで

新築される木造住宅がヴァナキュラーとは一概に言いにくく，日本の
ヴァナキュラーな住まいは，残念ながら老朽化などの諸事情で姿を消し
つつある。現存する事例は大変貴重であり，そこから学ぶ意義は大きい。

　また，現代の住まいは進化を続けている。快適性の面からの課題と工
夫については各章に譲るが，安全性の面からは，自然災害と人為的災害
からどう身を守るかが一貫して重要なテーマとなっている。前者では特
に地震，台風，積雪などへの対策，後者では火災に対する防火上の措置
に重点が置かれている。

　ヴァナキュラーな住まいは，これらの点で課題が少なくないため，現
代の日本では，工場生産された安定した品質の建築材料が全国規模で多
用される。その際，消費者に与えられた唯一といってもよい選択の自由
は「色」だけであるように思う。例えば「外壁の仕上げはどうします
か？」とカタログを渡され，膨大な種類の中から気に入ったものを見つ
けるという行為がそれにあたるであろう。そして，それぞれの好みでカ
タログから材料を選択した結果，1軒ごとの個性は外観にあらわれる
が，まとまりがなく雑多な印象を与え，個性が見えにくい街並みとな
る。しかし，ヴァナキュラーな住まいのように地域固有の素材を使う場
合は，どうであろうか。1軒ごとの個性は抑えられるが，統一感をもっ
た街並みとして個性ある景観があらわれる。

　ここまではあくまで住まいの単品だけを扱ったが，建築群としてのひ
とまとまりのかたちは，街並みとして**景観**を形成することとなる。美し
い景観とは何だろうか。次節では日本と海外の事例を通して，住まいの
景観について，色彩にも着目して考えてみることにする。

5．住まいの景観

（1）現在の街並みと江戸時代の街並み

　日本の街並み，特に都市の街並みは，ヨーロッパと比べると高さも軒の出も不ぞろいで，建物の色もそろわず，さらに赤や黄の看板が立ち並び，美しくないといわれる（図5-12）。しかも全国チェーン店の看板が立ち並び，地域の個性が見えづらい。翻って昔，例えば明治維新よりも前の街並みはどうであったか。写真が残っていないので難しいが，絵図から推測できる。図5-13は，江戸時代の日本橋界隈の街並みである。この時代の街並みは木造2階建てが主で，建築材料が限られており，おのずと似たような材料，色に統一される。また，看板やのれんなどの彩色も，限られた材料で行うために統一されている。建物をつくる構法もほぼ同じであるから，同じような軒の出や高さにそろっていた。

　今でも地域によっては，同じ素材からできているために街並みがそろって見える地域がある。例えば，石州瓦のオレンジ色の屋根とベンガラによる壁面が街並みを統一している例である（図5-14）。

図5-12　日本の街並み（銀座）
（筆者撮影）

図5-13　江戸時代の街並み
（熙代勝覧）[15]
＜写真提供＞ユニフォトプレス

**図5-14　石州瓦とベンガラの壁色によって統一
感がある街並み（吹屋）（筆者撮影）**

（2）景観条例・景観法

　明治維新後，西洋風の建物が導入され，石造り，煉瓦造りの建物が多
く取り入れられ，その後コンクリート造・鉄骨造が盛んになり，都市の
街並みはこれらで覆われていく。その転換のスピードは速く，景観調和
や街並みの統一の発想にまで至らなかった。その結果，前述したような
不統一，無個性な街並みが全国にできあがってしまった。また経済優先
の結果，電柱やその他のインフラの構造物が地下に埋設されることがな
く，雑然とした街並みが形成された。

　OECD（経済協力開発機構）の指摘や，観光立国を目指すことも重な
り，2005年に「景観法」が施行され，全国的に美しい景観をつくる，ま
たは保護することとなった。景観法以前にも歴史的な街並みをもつ自治
体等は景観条例を制定し，保存・保護していたが，その数は限られてい
た。全国的にはこの景観法により，都道府県は必須で，市町村はその後
相次いで景観行政団体となり，景観計画をつくっている（2021年3月末
時点で総自治体数の約3分の1）。

84

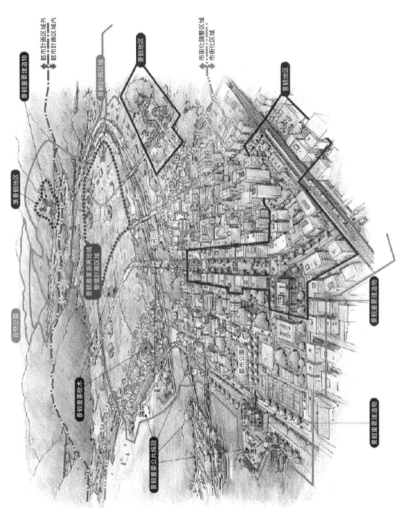

図5−15 景観法の対象地域のイメージ図[16]

都市計画区域外
都市計画区域内

景観重要建造物

景観計画区域

景観地区

景観地区

市街化調整区域
市街化区域

準景観地区

景観農業振興地域
整備計画区域

河川

自然公園

景観重要建造物

景観重要樹木

都市公園

景観重要公共施設

景観重要建造物

（3）景観の今後，特に景観色彩

　景観法は地域の個性を大切にすることを重視しており，各自治体は地域固有の景観に即した景観計画を立てることを求められている。一方で，例えば建物の高さは地区計画ですでに指定がされているように，景観計画以外によって制限がなされているものも多く，景観計画特有の制限としては色彩の制限があげられる。しかしながら，この色彩の制限は「彩度」（詳しくは第8章）の数値による制限が多い。つまり，テクスチャや材料の詳細が考慮されていない。また，自治体によってその数値が似通っており，地域差があまり見られないのが現状である。

　では，景観が美しいといわれるヨーロッパはどうか。図5-16はオーストリアのザルツブルクの様子である。壁面のトーン（第8章参照）はペールトーンで統一され，色味はピンクや紫などさまざま見られるのが特徴であり，他地域と比べて個性が際立っている。初めて訪れてから10年経って再訪すると，壁面の色味が変わっていた。ただし同じようなトーンであった。つまり自由と制限がうまく機能していると思われた。一方で100年前の絵画を見ると，まだ白壁であり，色味がないことも分かった。ヨーロッパは色を塗る文化が長く，初めから美しく整えられていたのではなく，その過程には試行錯誤があったのではないか。「外観は公のものである」「周りを意識して調和しよう，そろえよう」というコモンセンスの醸成が，時間をかけて行われてきたのではと思うのである。

　まだ日本では「外観が公で

図5-16　ザルツブルクの街並み
（筆者撮影）

ある」というコモンセンスや，景観が地域の個性を表すという意識の醸成は途上であるかもしれない。色彩のコントロールは試行錯誤の段階だと思われる。今後に期待したい。

🎸 **研究課題**───────────────────────────

1．世界の各地域における各自の興味があるヴァナキュラーな住まいや街並みについて，気候，人々の生活，住まいの工夫，建築材料としての素材や色の特徴などを調べ，考察する。
2．自分の住まいが主材料による分類（木造，鉄筋コンクリート造，鉄骨造）ではどれにあたるかを確認したうえで，建築物としての寿命と地球環境への影響について，ヴァナキュラーな住まいとの違いを考える。

引用・参考文献 ▌

1）長谷川堯『生きものの建築学』平凡社，1981年
2）白濱謙一ほか『住宅Ⅱ』市ケ谷出版社，1993年
3）気象庁 HP「世界の天候図表」
　https：//www.data.jma.go.jp/gmd/cpd/monitor/climfig/?tm=normal&el=tn
　（2022年2月19日アクセス）
4）バーナード・ルドフスキー，渡辺武信訳『建築家なしの建築』SD選書，鹿島出版会，1984年
5）日本建築学会編『コンパクト建築設計資料集成（住居）』丸善，2006年，p.4
6）藤井明「風の造形」財団法人新住宅普及会住宅建築研究所『季刊すまいろん』1988年夏号，pp.2-3
7）青木志郎「窰洞」財団法人新住宅普及会住宅建築研究所『研究所だより』0号，

1984年，pp.2-3

8）吉阪隆正ほか『住まいの原型Ⅱ』SD選書，鹿島出版会，1973年，p.50

9）本間博文『住まい学入門』放送大学教育振興会，1998年

10）帝国書院編集部編『新詳高等地図』帝国書院，2021年

11）新村出編『広辞苑』第6版，岩波書店，2008年

12）藤岡洋保『近代建築史』森北出版，2011年

13）藤岡通夫・渡辺保忠・桐敷真次郎・平井聖『建築史』市ケ谷出版社，1996年

14）日本建築学会編『新訂版　日本建築史図集』彰国社，1992年

15）作者不詳「熙代勝覧」絵巻，ベルリン東洋美術館蔵，1805年頃

16）国土交通省「『景観緑三法』の制定について」2004年

6 | 住まいの温熱環境

田中稲子

《**目標&ポイント**》 第10章，第11章で涼しい住まいや暖かい住まいについて学ぶ前提として，私たちが日常的に感じる暖かい，寒い，暑い，涼しいなどの人間の温冷感を理解することが必要となる。このような温冷感に影響を及ぼす建築環境要素を温熱環境と呼ぶ。人間と空間の間で行われる熱交換によって温冷感が定まることから，本章ではその基礎理論について学ぶ。空間側の環境4要素だけでなく，人間側の代謝量や着衣量も温冷感に影響を及ぼす。本章で紹介する熱の移動現象に関する基本的な用語についても理解を深めてほしい。

《**キーワード**》 体温調節，熱収支，伝熱，温冷感，温熱快適性，放射温度，代謝量，着衣量，指標

1. 温熱環境の基礎

（1）体温調節

第4章で深部体温が生体リズムをもつことを学んだが，概ね37℃になるよう，適度に空間側（環境側）に放熱することでバランスが保たれている。この人体の生理反応として行われる**体温調節**のことを自律性体温調節と呼ぶ。主に血管の拡張と収縮によって放熱が制御されている。冬の寒い環境において，環境側に近い皮膚血管を収縮させて放熱を抑制するが，それでも不足する場合はふるえが生じ，体温上昇のため強制的に筋肉を運動させることになる。

このような無意識のなかで生じる体温調節に対して，行動性体温調節

と呼ばれるものがある。自律性体温調節機能のふるえや発汗などは，長時間継続することが困難である。このため，例えば，着衣を調節する，運動をする，滞在場所を変更するなどの行動によって体温調節を補っているとされる。エアコンの設定温度を変更したり，窓を開けたりすることで体温調節しようとすることも含まれる[1),2)]。この授業で重視する「住まい方」に通じる調節機構といえる。

（2）人体の熱収支と快適性[3)]

　人は体内で新陳代謝を行うと同時に，皮膚や呼気によって外部と熱交換を行っている。暑いときには血液を皮膚表面に集め，さらに発汗によって冷却する。寒いときには逆に血液を内部に集めて放熱を防ぎ，体温を一定に保つ。熱的に快適であるか否かは，人体が熱的な平衡状態に保たれているかどうかで判定できる。すなわち，人体の熱平衡は体内で生産される代謝による産熱量と人体からの放射・対流・伝導・蒸発による放熱量との平衡をいい，次の熱平衡式で表せる。

$$M = C + R + D + E$$

　　M：代謝による産熱量
　　C　：人体と空気との対流による放熱量
　　R　：人体と周囲との間の熱放射による放熱量
　　D　：床などとの伝導による放熱量
　　E　：発汗などによる人体からの蒸発による放熱量

　ここで右辺は人体からの正味の放熱量を意味する。体内での産熱量と放熱量が平衡状態となり，生理的に大きな負荷がかからない環境，すなわち，

M＝右辺

のとき，感覚的に暑くも寒くも感じない熱的中立の状態となる。

M＜右辺

のときは，放熱量が多いため寒く感じ，

M＞右辺

のときは，放熱量が少なく熱が体に蓄積され暑く感じる。

（3）建築における伝熱

　住宅の基本的な熱的性能には，断熱，熱容量，気密，換気，通風など
が影響する。特に冬は住宅からの熱貫流量を極力抑えることが，暖かい
住まいの工夫の中心となる（第11章参照）。この熱貫流量を理解するう
えで，熱の伝わり方，すなわち**伝熱**の基本について確認したい。まず，
熱の基本原則として，高温部から低温部にしか移動しないことを念頭に
おく必要がある。そして，その伝わり方には，伝導・対流・放射という
3種類の伝わり方がある。

　伝導（熱伝導ともいう）とは，固体内または固体同士の接触面で伝わ
る熱の移動現象のことである。住まいに置き換えて考えると，床の上に
座るとき足や身体の一部が直接，床に接している。このとき，接する体
表面の温度よりも床が低温であれば，体表面から熱が奪われ，床側に熱
が移動する。この移動する熱量は，各接触面の温度差（$\theta_1 - \theta_2$）［K］
と材料の熱伝導率 λ［W/(m·K)］に比例して大きくなる。次に，対流
とは接触する固体（または流体）と流体の間を伝わる熱の移動現象のこ
とである。例えば初夏に通風すれば，気流に当たった肌は涼しく感じる
はずである。体表面より低い温度の気流が当たることで，体表面から気
流に熱が移動する。冬に体表面より高い温度の気流が肌に当たれば，
人体側に熱が移動することになる。接触する固体と気流の温度差

$(\theta_1-\theta_2)$ [K] と，気流速度に関わる係数である対流熱伝達率 α_c [W/ (m²·K)] によって移動する熱量は変わる。最後に，放射（熱放射とも いう）とは，離れた物体間で生ずる熱の移動現象である。各物体の表面 温度の差 $(\theta_1-\theta_2)$ [K] と，表面材料の放射率および物体同士が影響 を及ぼし合う面積を表す形態係数から決定する係数である放射熱伝達率 α_r [W/(m²·K)] によって，移動する熱量が決まる。遠く離れた太陽か らの放射で，私たちが暑いと感じるのは太陽放射から体表面に熱移動が あるからにほかならない。室内では，壁や窓の室内側の表面温度が，体 表面の温度よりも低ければ熱が奪われ，寒く感じる。

　図6-1は，以上をまとめ，冬を想定した熱の移動現象の模式図であ る。熱貫流量 Q は以下のように表される。ただし，α_i および α_o は，室 内側および屋外側の各 α_c と α_r を足した総合熱伝達率 [W/(m²·K)] で ある。d [m] は壁の厚さである。Q は総合熱伝達量とも称する。

$$Q = \frac{1}{\dfrac{1}{\alpha_i}+\dfrac{d}{\lambda}+\dfrac{1}{\alpha_o}} \ (\theta_i-\theta_o) \qquad [\text{W/m}^2]$$

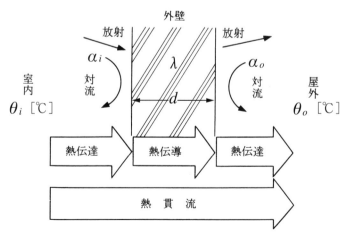

図6-1　伝導・対流・放射による熱伝達[3]

2. 温冷感に影響を及ぼす要素

　深部体温と身体の周囲の環境の影響を受けて，人間は暑い・寒いという感覚を覚えている。住まいのウチ・ソトにおける温熱環境をどのようにつくり出すかを考える前に，暑さ寒さの感覚，**温冷感**について理解しておこう。

（1）温熱快適性を規定する主要素
　図6-2に，人体と環境との熱交換と熱的な快適性を規定する主要素との関係を示す。前節の人体における熱収支と熱的な快適性に影響を及ぼすのは，同図や前式からも分かるように単に気温だけでなく，次のような要素があげられる。まず人間側の要素としては，代謝量（代謝による産熱量），着衣量，そして環境側の要素としては，気温，湿度，気流，熱放射である。なお，日本の厳しい夏においても涼しく過ごすために

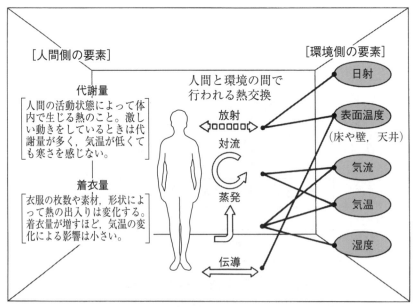

図6-2　温熱快適性に影響を及ぼす要素と熱交換[3]

は，風鈴の音のような聴覚や視覚などに訴える工夫もなされてきた。このような心理的な効果も無視することはできない。

（2）環境側の 4 要素
①気温（℃）

　気温とは空気の温度のことである。空気温度と呼ばれることもある。人体の表面温度と異なる周辺空気との間で，対流による熱伝達によって熱が移動することになる。読者のみなさんが日常的に「寒い」とか「暑い」とか言う温冷感は，気温のせいだと思われがちだが，実際には周辺空気の流れの速度や放射温度，湿度が私たちに作用した結果としての感覚となる。

②相対湿度（%）

　一般には湿度と呼ばれるが，温冷感に影響を及ぼすのは相対湿度であるとされる。空気中に含まれる水蒸気の割合を湿度と呼ぶが，相対湿度とは，ある対象とする空間の気温に対する飽和水蒸気分圧を分母として，その空気に含まれる実際の水蒸気分圧の比を百分率で示したものである。人体の汗の蒸発速度は，皮膚温に対する飽和水蒸気分圧と周辺空気の水蒸気分圧の差に比例するため，相対湿度は発汗時の快適性に影響する指標とされる。乾燥空気 1 kg 当たりに含まれる水蒸気の重量を絶対湿度 [kg/kg（DA）] といい，除湿や結露を考えるうえでは重要な指標となるが，相対湿度とは異なるので区別する必要がある。

③放射温度（℃）

　人間の温冷感にとって熱放射の影響は無視できない。ここでは熱放射の影響を示す指標である平均放射温度（MRT：Mean Radiant Temperature）を解説する。人間が受ける熱放射には，日射（周辺地物からの反射日射も含む）と，周辺地物の表面温度と表面性状（放射率）に見合っ

た熱放射があるが，ここでは後者のみについて考える。

　室内で電気カーペットや床暖房を使用しているときの床面や，冬の冷えた窓面は，周囲の他の面と全く異なる表面温度である。壁や窓，床などの各表面温度が異なれば，方向によって不均一な熱放射を受ける。そこで，人間から各面を見たときの形態係数とそれぞれの面の表面温度の積の総和で，周囲からの熱放射の状態を表現する。これを平均放射温度（MRT）と呼び，次式のように表す[4]。

$$MRT = \Sigma\, \phi_i \cdot \theta_{si}$$

　　MRT：平均放射温度［℃］
　　ϕ_i：人体周囲の面 i との形態係数
　　θ_{si}：面 i の表面温度［℃］（放射率の小さい金属面のような場合
　　　　　を除いては，面を黒体とみなし，表面温度を用いることが
　　　　　多い）

　同じ面積ならば，人体に近い面ほど形態係数は大きくなるため，その面は平均放射温度に及ぼす影響が大きいということになる。すなわち，部屋の中の位置によってもその場所における平均放射温度の値は異なる。近似的に各面の形態係数の代わりに各面の面積 S_i を用いる場合もある。

$$MRT \fallingdotseq \frac{\Sigma\, S_i \cdot \theta_{si}}{\Sigma\, S_i}$$

④気流速度（m/s）

　前述の対流熱伝達率 α_c は，気流速度（風速）が大きいほどその値は大きくなる。このため，気流の温度（気温）が人体の表面温度よりも低

ければ，人体から奪われる熱量が増えることになる。逆に，例えば，真夏の外気温が極めて高い時間帯に窓を開けて通風をすれば，人体の表面温度より高い外気温の場合，人体は気流から熱を受け取るため，高齢者や子どもなど体温調節機能が十分に働かない居住者がいると人体への蓄熱量が増す一方で，熱中症になりかねないということになる。

（3）人間側の要素
①代謝量

活動状態によって代謝量は異なる。体表面積当たりの熱量で表し，椅座安静の状態である58.2W/m²を 1 Met（メット）と定義している。図6－3は活動状態と，気温および気流との関係を示したものである。活動状態によって，暑くも寒くもない，いわゆる中立の状態の気温は異なる。例えば，無風のとき着衣量が0.5clo（クロ），すなわち半袖のワイシャツ姿で椅子に座っている状態の中立温度は26℃であるが，重作業をしている場合は13℃となる。また，前述のように気流速度が増すと放熱が促進されることから，無風時に比べて有風時の中立温度は高くなることが読み取れる。

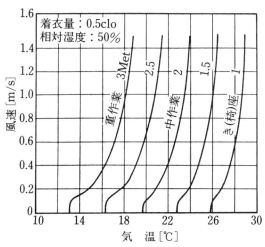

図 6－3　作業量の影響[5]

②着衣量

　着衣による断熱性能を表す指標で，clo（クロ）という単位が使われている。1 clo とは，気温21.2℃，相対湿度50％，気流0.1m/s の条件で，椅座安静にしている人が快適と感ずる着衣量を指す。図 6 - 4 にそれぞれの着衣状態の clo 値を示す。冬のスリーピースは約 1 clo，夏のワイシャツ姿は0.5clo 程度である。なお，clo 値は着衣の重量と極めて相関が高い。

　図 6 - 5 は，気温と体感との関係を着衣量別にみたものである。気温の影響は裸体のときに最も大きく，着衣量が増すほど気温の影響は小さくなる。すなわち，夏のほうが着衣量が少ないために，わずかな気温の変化にも体感は敏感になる。

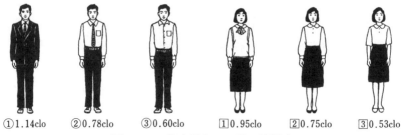

①1.14clo　　②0.78clo　　③0.60clo　　□1 0.95clo　　□2 0.75clo　　□3 0.53clo

図 6 - 4　着衣量と clo 値の関係[3]

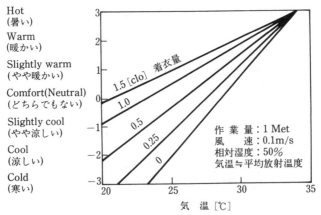

図 6 - 5　温冷感と気温の関係[6]

3．温熱快適指標

　前節では，温熱環境の快適性には気温をはじめとして複数の要素が影響を及ぼすことを確認したが，これらの要素をまとめて1つの尺度で快適性を示そうとする試みが古くからなされてきた。快適な空間づくりを目指す目安と考えてよいものだろう。ここでは代表的な**指標**のみ紹介する。

（1）OT（作用温度：Operative Temperature）

　環境側の2要素から表現される指標であるが，発汗や気流の影響がない室を評価する際に用いられる。すなわち，床暖房などの放熱機器，または放射暖房時に用い，以下の式で表される。

$$OT = a\,\theta + b\,MRT \qquad [℃]$$

　a および b は感覚温度に対する対流伝熱と放射伝熱の寄与の割合を表し，通常の暖房室であれば1/2と考えてよいとされる。

$$OT = (\theta + MRT) / 2 \qquad [℃]$$

で表される。OT が18.3〜24℃であれば快適範囲とされる。

（2）SET*（標準有効温度：Standard Effective Temperature）

　ギャッギ（Gagge）らが提案した新有効温度（ET*：New Effective Temperature）を標準化した体感温度であり，温熱感覚および放熱量が実在環境におけるものと同等になるような相対湿度50%の標準環境の気

温である。提案当初の標準環境は，椅座安静（1.0Met），着衣量0.6clo，静穏気流，平均放射温度＝気温とされ，このときのET*が標準有効温度SET*となる。環境側の4要素および人間側の2要素から算出されるが，導出過程は複雑である。SET*は日本人の場合22〜26℃が中立の温冷感であり，温熱的に快適な範囲とされる[4]。

ここで図6-6は，ASHRAE（米国暖房冷凍空調学会）による快適範囲を作用温度と湿度の関係で示したものである。これはオフィスが想定されているが，参考までに示すものである。

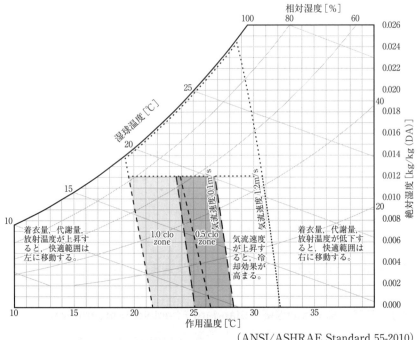

（ANSI/ASHRAE Standard 55-2010）

図6-6　ASHRAE 55-2010による快適範囲（1.1Met，0.5clo，1.0clo）[7]

（3）PMV（予想平均温冷感申告：Predicted Mean Vote）

　デンマークのファンガー（Fanger）は，環境側の 4 要素と人間側 2 要素の全てを含む総合的な温熱快適指標 PMV を提案した。PMV は ISO 7730として国際規格になっている。最近では空調の PMV 制御というものも登場しており，設定室温に達することが目標ではなく，在室者の温熱快適性の原理に則って湿度や気温をコントロールする，きめ細かい制御を目指す動きがある。実際の計算式はやや複雑だが，人体の熱平衡を基準とした快適方程式から算出されるもので，暑い，暖かい，やや暖かい，どちらでもない，やや涼しい，涼しい，寒いといった感覚量が，－3（寒い）〜＋3（暑い）の 7 段階の数値として表される。PMV が±0.5 の範囲では温熱環境に対する不満足な人の比率が10%以下になり，快適推奨域とされている。

（4）アダプティブモデル（環境適応モデル）

　以上の温熱快適指標はいずれも環境側の要素が均一であり，時間的に変化しないことを想定している。オフィスビルの執務空間のように，空調を用いて常に一定に温熱環境が保たれる空間に適用するのが一般的である。しかしながら，四季を通して温熱環境は変化し，居住者が自然の風を取り入れる生活モデルに対する温熱快適指標も提示すべきである。

　その一つの試みとして，空調設備ではなく，利用者が窓開けをして通風しながら室内の温熱環境を調整している場に適用できる温熱快適指標であり，アダプティブモデルに基づく快適範囲が提案されている[7]。1998 年にデデア，ブレイガーにより提案されたものである。世界中の実際の建物における温熱快適性の実測調査結果に基づいており，空調制御された建物と窓の開閉が行える建物とでは，在室者の快適性が異なることを意味する[7]。今後，「住まい」にとって重要な指標になることが予想され

る。

　将来，人間に関するさまざまな特性が明らかになり，より快適な住まいを目指す技術や手法が提案されるかもしれない。人間の特性を知り，人間と環境との相互関係を知ることは，住まいの環境を考える第一歩になる。そのことを理解して本書を読み進めていただきたい。

研究課題

　夏，自宅の居間において，温熱快適性に影響を及ぼす環境側4要素のうち気流と放射について考えてみよう。温熱的に快適にするために，気流や放射の影響を調整する方法を考えてみよう。放射については，日射熱の影響を受ける窓際の工夫について考えるとよいだろう。

引用・参考文献

1）上野佳奈子・鍵直樹・白石靖幸・高口洋人・中野淳太・望月悦子『しくみがわかる建築環境工学』彰国社，2016年，p. 140

2）堀越哲美・石井仁・宇野勇治・垣鍔直・兼子朋也・藏澄美仁・長野和雄・橋本剛・山岸明浩・渡邊慎一『建築学テキスト　建築環境工学』学芸出版社，2009年，p. 38

3）梅干野晃・田中稲子『住まいの環境デザイン』放送大学教育振興会，2018年

4）空気調和・衛生工学会『新版　快適な温熱環境のメカニズム―豊かな生活環境を目指して』2016年，p. 77，p. 100

5）*ASHRAE Handbook of Fundamentals*, 1972, p. 142.

6）P. O. Fanger, *Thermal Comfort*, Danish Technical Press, 1972.

7）田中俊六・武田仁・岩田利枝・土屋喬雄・寺尾道仁・秋元孝之『最新建築環境工学』改訂4版，井上書院，2015年

7 │ 住まいの空気環境

田中稲子

《**目標＆ポイント**》 感染症対策というだけでなく，日常的に換気を行うこと
は私たちの健康を考えるうえで重要である。ここでは，空気環境の基礎知識
を学び，住まいにおいて空気を入れ換える必要性や，換気の原理や方法を理
解する。また，屋外で過ごしやすい季節に風を取り込むことは，室内汚染物
質を希釈するだけでなく，居住者の快適性を高めるうえでも重要である。こ
のため，通風の意義や方法についてもみていく。
《**キーワード**》 換気計画，室内空気汚染物質，自然換気，機械換気，風力換
気，温度差換気，シックハウス症候群，必要換気量，通風計画

1．なぜ空気環境が重要か

（1）人体と空気

　新型コロナウイルス感染症（COVID-19）は突如として私たちの文明
の前に現れ，2年以上が経過した現在（本書執筆時点）においても，こ
の感染症による混乱は収束していない。当初より換気不足の空間におけ
るクラスター発生が指摘されていたが，複数あるその感染経路のうち，
飛沫核と呼ばれる状態のウイルス感染に対しては換気が有効であること
が知られるようになった。昨今これほど，室内の空気環境に目が向けら
れたことはなかったのではないだろうか。

　ここで図7-1に人間が1日に摂取するさまざまなものの重量比を示
す。成人1人当たり1日の空気摂取量は12〜24kgにものぼる[1]。このう
ち約6割が室内空気に相当する。食物や飲物は1割にも満たない。人間

が摂取するものの中でも空気がいか
に重要で，それが汚染された場合に
大きな影響を及ぼすことが想像され
よう。食べ物のように，日常的に新
鮮な空気を選んで吸うということは
ほぼ困難であり，住まいの空気環境
を考えるうえでは立地環境も大変重
要だと分かる。また，屋外の新鮮な
空気を適切に室内に取り入れる建物
の計画はもちろん重要である。

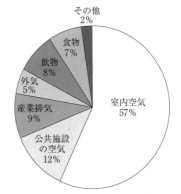

図7-1　1日の摂取量の重量比[1]

（2）室内空気汚染物質

　昔と比べ，住む人のライフスタイルが変化し，個室化によって部屋の
気積が小さくなったうえに，熱や水蒸気などを発生させる家電製品が増
えた。現在は規制されているが，汚染物質を発生する新建材などが多用
されたり，居住者が持ち込むさまざまなものが原因となるなど，室内の
空気は以前と比べて汚染される傾向にある。さらに屋外に目を向ける
と，都市では大気汚染や騒音問題など屋外環境が悪化し，住宅の閉鎖性
が助長されている。ここで，**換気計画**を学ぶ前に，新鮮空気と**室内空気
汚染物質**について整理したい。

　空気はいろいろな気体の混合物であり，容積比率で約78%の窒素，約
21%の酸素，そしてアルゴンガス約1%，二酸化炭素約0.03%などの微
量のガス成分（希ガス）約1%から成り立っている。田園地帯や森林地
帯などの空気がこれに最も近く，清浄空気または新鮮空気という。

　一方，室内の空気汚染物質には，屋外から侵入するものと室内で発生
するものがある。主な室内空気汚染物質とその発生源を表7-1に示す。

内装仕上げ材や建築設備，家電に至るまで，実にさまざまなものから汚染物質が発生するが，掃除や使用する洗剤や芳香剤など，住む人のライフスタイルが色濃く反映されることに気づくだろう。ここで，ホルムアルデヒドは刺激臭のある無色の水溶性のガスで，家具や建具などに用いられる合板用の接着剤などの化学製品やタバコの煙などから発せられ

表7-1　主な室内空気汚染物質の発生源

	種　類		主な発生源	健康影響
粒子状汚染物質	ハウスダスト（砂じん，繊維状粒子，ダニのふん・破片）		外気，衣服，じゅうたん，ペット，食品くず，ダニ	アレルギー反応
	たばこ煙		喫煙	肺がん，その他
	細菌		人，外気，その他	病原性のあるものは稀，室内空気汚染の指標となる。
	真菌（カビ）		外気，建築材料	アレルギー反応
	花粉		外気	アレルギー反応
	アスベスト		断熱材，耐火被覆材	肺がん，悪性中皮腫，その他
ガス状汚染物質	臭気		人体，調理臭，たばこ，カビなど	不快感
	無機化合物	二酸化炭素 CO_2	人体，燃焼器具	高濃度でない限り，直接的な害はない。
		一酸化炭素 CO	燃焼器具，大気汚染，たばこ	低濃度でも猛毒である。
		窒素酸化物 NO_x	燃焼器具，大気汚染，たばこ	NO_2は気管，肺に刺激を与え有毒である。NO は人体に対する害作用は不明であるが，酸化して NO_2になり得る。
		二酸化硫黄 SO_2	燃焼器具，大気汚染	眼，皮膚，粘膜に刺激
		オゾン O_3	乾式複写機，大気汚染	眼，皮膚，粘膜，上部気道に刺激
		ラドン Rn	土壌，石，コンクリート，地下水	肺がんを起こす。
	有機化合物	ホルムアルデヒド	合板，チップボード，接着剤，家具など	眼，粘膜に刺激　発がん性
		トルエン	接着剤，塗料，家具など	一部物質は高い濃度で眼，皮膚，粘膜を刺激し，頭痛，吐き気などを起こす。トルエンは神経行動機能および生殖への影響がある。その他の物質については人体影響はまだ明確に証明されていない。
		キシレン	木材，接着剤，塗料など	
		パラジクロロベンゼン	防虫剤，芳香剤など	
		エチルベンゼン	接着剤，塗料，家具など	
		スチレン	各種樹脂，樹脂塗料など	
		その他の揮発性有機化合物（VOCs）	建材，有機溶剤，燃焼，塗料，木材など	

<出典>紀谷[1]，上野[2]より作成

る。1990年代以降，日本で問題となったシックハウス症候群の要因とされる揮発性有機物質（VOC）にも含まれる物質である。

　人間の呼気や水蒸気，体臭なども汚染物質となるが，空気の汚れの指標として，二酸化炭素濃度が用いられている。多くの人が利用する建物を対象に，その環境衛生を守ることを目的として定められている「建築物における衛生的環境の確保に関する法律」（ビル管法）では，0.1%（1000ppm）以下と定められている。このレベルが直ちに健康に害を及ぼすというわけではないが，住宅の実測例で，これ以上の濃度が観測される場合は少なくない。また，現在では開放型の燃焼器具を使用するケースは減ったとはいえ，まだ使用することもあるだろう。特に住宅の気密性が高くなった現在は，換気の意識が薄れがちであり，一酸化炭素濃度の上昇や酸欠に対する意識を改めてもってほしい。なお，二酸化炭素と一酸化炭素の大きな違いはその毒性にある。二酸化炭素はよほど高濃度でない限り害はないが，一酸化炭素は猛毒の気体である。一酸化炭素を吸うと血液中のヘモグロビンと結合し，酸素よりもその結合力が強いことから，血液中の酸素が不足した状態となる。前述のビル管法では0.0006%（6 ppm，2022年4月施行）が許容値とされている。

（3）室内空気汚染の基礎指標：二酸化炭素（CO_2）

　地上の乾燥空気は，窒素と酸素のみで約99%を占める。建築環境の分野で，空気質の一般的な指標として用いられる二酸化炭素（CO_2）は，容積比で酸素の約1/700とわずかである。人間が吸った空気は，肺で酸素と二酸化炭素とのガス交換が行われ，呼気として吐き出される。運動をすると代謝率が上がるた

表7-2　作業程度別のCO_2吐出量[1]

エネルギー代謝率（RMR）	作業程度	吐出量[$m^3/(h·人)$]	計算採用吐出量[$m^3/(h·人)$]
0	安静時	0.0132	0.013
0～1	極軽作業	0.0132～0.0242	0.022
1～2	軽作業	0.0242～0.0352	0.030
2～4	中等作業	0.0352～0.0572	0.046
4～7	重作業	0.0572～0.0902	0.074

め，吐出する二酸化炭素量が増える（表 7 - 2）。室内で激しい動きをすれば，また在室人数が増えれば，酸素が減って二酸化炭素が増え，汗も発生するだろう。室内の空気を新鮮なものと交換しなければ汚れることは容易に想像できよう。このように，人体に起因する二酸化炭素は室内空気汚染の基礎指標となる。

2. 換気の原理

（1）自然換気

　空気の流れは圧力差によって生じる。開口部や隙間の内外に生ずる圧力差によって換気が行われる。換気には**自然換気**と**機械換気**がある。

　自然換気において，この圧力差を生み出す駆動力は，①外部の風による風圧力，②建物内外の空気の温度差から生じる浮力の 2 種類である。前者を利用した換気方法を**風力換気**，後者による換気を**温度差換気**または浮力換気という。図 7 - 2 に示すように，小窓や高窓，給排気口などを利用する。わが国の伝統的な住居には，臭気だけでなく熱や湿気を排出するための巧みな工夫が多くみられる（図 7 - 3）。しかし，気象条件，特に風向・風速によって圧力差が変化するため，安定した換気量を保つことが難しい。

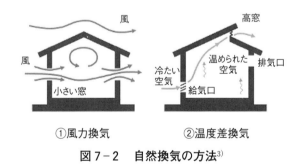

図 7 - 2　**自然換気の方法**[3]

図7-3　伝統的な住居に見られる風通し・換気の工夫
（左）沖縄・中村家：間仕切りを取り払えば見通せる間取り。（右）東京・民家：風通しを阻害することなく目隠しにもなる縦格子

（2）機械換気

　気象条件に大きく左右されることなく，換気設備を用いて換気をする方式を機械換気といい，3種に大別される（図7-4）。機械換気を計画的に行う場合，部屋の用途や室内の空気の汚れ具合にあった換気方法を選ぶことが大切である。例えば，台所や浴室，トイレなどでは，発生する熱や煙，水蒸気，臭いを他室に拡散させないうちに速やかに排出したい。その場合は，室内を「排気中心の換気」（負圧）にすると効果がある。これを第3種機械換気という。また，居間や寝室などの長時間在室する部屋では，台所やトイレから汚れた空気が流入しないように給気中心の状態（正圧）にすることが望ましい。こうした負圧，正圧といった空気の圧力を間取り全体のなかで考え，室内の空気の適度な流れをつくることが大切である。

　また，機械換気用の換気扇を取り付ける場合には，必ず給排気用の換気口も設ける。すなわち，換気には給気と排気の両方が必要である。このバランスが悪いと，高気密な建物では扉や窓が開けにくいとか，笛なり現象など室内外の気圧差による換気障害が生ずる。また，暖房時には

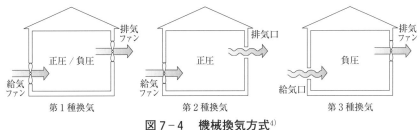

図 7 - 4　機械換気方式[4]

　給気によって冷気が入ってしまうが，その対策として全熱交換型の換気
装置を用いることが省エネルギーの観点からは有効である。さらに，建
物を長持ちさせるためには，床下や小屋裏の換気も忘れてはならない。

コラム　シックハウス症候群とその対策[5),6)]

　シックハウス症候群とは，建材等から発生する化学物質などによる室内
空気汚染等による健康影響の総称である。1973年のオイルショックを契機
として，建物の暖房にかかる消費エネルギーを削減するため，住宅では高
断熱化に加え，漏気により熱が逃げることを防ぐため高気密化も推進され
た。湿潤な気候特性において気密化が過度に進み，換気不足によって室内
空気汚染物質が屋外に排出されず室内にとどまったことで，シックハウス
が顕在化したとされる。また，同様に湿気も排出されず室内が高湿度化し
たことで細菌，カビ，ダニの繁殖のしやすさが助長されたこと，発生源と
なる新建材や生活製品等が室内に多用されるようになったこと，人間の免
疫力が弱くなったことなども要因とされる。症状はさまざまであるが，皮
膚や眼，咽頭，気道などの皮膚・粘膜刺激症状や，全身倦怠感，めまい，
頭痛・頭重などの不定愁訴とされる。化学物質過敏症と異なる点は，その
住宅を離れると症状が回復することである。

　この対策は，自然換気・機械換気による適切な換気，窓の開閉による換
気行為，室内空気汚染物質の発生の少ない建材や家具の使用などになる。
シックハウスの問題が顕在化した後，シックハウス対策として2003（平成

15) 年7月に改正建築基準法が施行された。内容は，内装仕上げに使用するホルムアルデヒドを発散する建材の面積制限，原則として全ての建築物への機械換気設備の設置義務づけ，居室へのホルムアルデヒドの流入を防ぐための天井裏の制限などである。築年数の浅い住宅であれば「24時間換気」と記されたスイッチがあるはずである。

（3）相当隙間面積：気密性の指標として

気密性能とは建物の隙間の程度をいう。建物の隙間は，サッシや扉まわりだけでなく，壁を貫通する配管，配線まわり，スイッチ，コンセントまわり，窓枠と壁の間，壁と床，壁と天井などの接合部，さらには壁面や天井面自体にも存在する。建物が隙間だらけでは，せっかく暖房しても隙間風で大量の熱が逃げて，熱損失が増すばかりでなく，床付近に冷気が流れ込み，足元が寒く快適な環境が得られない。そのために，不要な隙間はできるだけなくし，建物の気密化を図る必要がある。その指標となるのが相当隙間面積（C値）である。住宅全体の隙間面積（cm²）を床面積 1 m² あたりで示したものである。かつての省エネルギー基準では，関東であれば 5 cm²/m² が基準値とされていた。しかし，近年の住宅は施工技術が向上し，気密性は伝統的な家屋と比べ各段に向上したことなどから，C値は現在の省エネルギー基準からは除外されている。

気密性能が高くなるにつれてシックハウス症候群が顕在化したが，前記のコラムのとおり建物側の規制はなされるようになった。しかしながら，居住者が持ち込む家具や家電製品から揮発する物質もあることから，住宅だけの対策ではなく，持ち込まないこと，持ち込んだ場合も意識して居住者が換気を行うことが重要である。

3．換気計画

（1）必要換気量

　建物の気密性を高めることは，暖かい住まいや省エネルギーの観点からは有効であるが，前記のように室内ではいろいろな汚染物質や水蒸気が放出されているため，建物の気密性能がよくなるほど計画的な換気が必須となり，所要の換気量を確保しなければならない。換気の悪い建物では，空気汚染による中毒や悪臭，息苦しさ，さらには結露やカビの発生など，さまざまな障害を招くことになる。

　ここで，どの程度の換気量が必要かは対象とする汚染物質によっても異なるが，日本では，人間が汚染源となる部屋の必要換気量として，在室者1人当たりおよそ25〜30m³/h が推奨されている。これは6〜8畳の部屋の容積に相当する。この根拠として，二酸化炭素濃度の1000ppmが許容値とされている。喫煙者が多い場合または燃焼器具などの汚染源がある場合には，さらに多くの換気量が必要となる。換気量については，次式に示す換気回数 N［回/h］で表されることが多い。

$$N = \frac{1時間に室に流入（あるいは流出）した空気量［m³/h］}{室の容積［m³］}$$

　すなわち，換気回数1回/h というのは，1時間に部屋の容積と同じ量の換気がなされることになる。そこで，上記の必要換気量と部屋の用途や特性などを考慮し，換気回数の目安を示したものの一例を表7-3に示す。

表 7-3　換気回数の目安[3)]

部　屋	換気回数（1/h）
居間・応接間	3〜6回
台　所	15回
浴　室	5回
トイレ	10回

（衛生試験所の指針より）

（2）換気計画

まず，自然換気・機械換気を問わず，新鮮空気を滞在空間に優先的に取り込むことが重要である。寝室や居間で給気し，キッチンやトイレ，納戸から排気するのが一般的である。自然換気を活かす場合は，外部風の季節別の風向の概略は把握しておきたいものである（第4章参照）。もちろん，時間によって変化する場合があるが，生活のリズムに合わせて空間の使い方が変わるのが住まいの特徴でもある。日中と夕方で風向や風の強さが異なることもあるが，現代のせわしない社会環境や閉鎖性が好まれる都市部の住まいで，大気の呼吸のようなわずかな変化に気づけるような生活を，どれほどの方ができているだろうか。

新鮮空気の流入口（給気口）と排出口（排気口）が決まった後は，住宅の平面や断面で換気経路が考えられていることが重要である。滞在空間を新鮮空気が通過できなければ，居住者の健康が担保されたとはいえない。

このような計画換気を行う場合は，住宅が適度に気密であることが前提となるのも事実である。通気性の高い衣類のように，どこからともなく新鮮空気が入り，汚染空気が出ていくことは，心地よい空間となる可能性はあるが，冷暖房設備を用いている場合，無駄なエネルギーが発生している可能性がある。冷暖房を使用するとき，使用しないときで室内の空気の流れを考えておくことも大切である。

（3）通風計画

これまで，室内空気汚染物質を希釈することを主な目的として，換気についてみてきた。ここで，夏季や中間季に室内にたまった熱や湿気を逃がすための空気の入れ換えは，居住者の快適性の向上や建物を長持ちさせるうえで重要になる。これを，通常の換気と区別して通風と呼んで

いる。自然換気を原理として通風がなされるが，居住者が窓を開けるなどの積極的な環境調整行動が求められる。

　図 7-5 は建物の通風経路（通風輪道）を示したものである。それぞれ窓の位置が異なる。同図（a）は平面図でみた場合の通風輪道である。風上側の窓の位置によって，室内の通風輪道が変わることが分かる。換気のための風の流れというよりは，気流感を得て快適性を得ることが目的なので，滞在空間がどこにあるか，もしくは部屋のどこで過ごすと気持ちよいかということを考えると有効である。断面でみた場合が（b）である。屋外側に突き出す部材があるかどうかで，室内に空気の流れる高さが異なることを示している。また，（a）において風向と平行に位置する窓からは，ほとんど外部風が流入しないことが分かる。このような立地の場合，図 7-6 に示すようなウィンドキャッチになるような窓サッシや，1 階部分であれば植栽などを配置することも有効である。

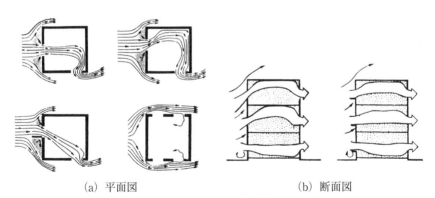

（a）平面図　　　　　　　　　（b）断面図
図 7-5　通風輪道[7]
窓の位置で風の流れる位置が異なる

図7-6　片開き窓
＜写真提供＞photolibrary
建物と平行に流れる風を室内に取り込むことができる

研究課題

　ご自宅の冬の換気は適切に行われているか，換気口の位置や24時間換気設備の有無，燃焼器具の使用など点検しながら書き出してみよう。換気経路も確認したうえで，課題がないか，換気計画の見直しを行ってみよう。

引用・参考文献

1）紀谷文樹編『建築環境設備学　新訂版』彰国社，2003年
2）上野佳奈子ほか『しくみがわかる建築環境工学　基礎から計画・制御まで』彰国社，2016年
3）梅干野晁・田中稲子『住まいの環境デザイン』放送大学教育振興会，2018年

4）槙究・古賀誉章『基礎からわかる建築環境工学』彰国社，2014年

5）日本建築学会編『シックハウス対策のバイブル』彰国社，2002年

6）田中俊六・武田仁・岩田利枝・土屋喬雄・寺尾道仁・秋元孝之『最新建築環境
工学』改訂 4 版，井上書院，2015年

7）日本建築学会編『建築設計資料集成 1 環境』丸善，1978年

8 | 住まいの光環境・視環境

山本早里

《**目標＆ポイント**》 住まいの光環境・視環境の基礎を学び，必要に応じた明るさを確保することや，光を効果的に利用することができるようになることを目的とする。室内外の色彩環境についても学ぶ。快適性や他の心理的効果と，光環境や色彩環境を含む視環境との結びつきを知り，求める雰囲気などに応じた光環境・視環境を選択できるようにする。

《**キーワード**》 照度，色温度，自然光，人工照明，表色系，演色性，色彩

1. 光環境の基礎

室内で美しい視環境を演出する光景として思い浮かぶのは，ろうそくの光やテーブル上のライトではないだろうか。また，外部環境においては建物や構造物を下から照らし出すライトアップや，クリスマス時などのイルミネーションが思い起こされる。古くから夜にはろうそくを灯し，その赤っぽい光を見て夜長語り合ったりして，ゆったりした時間が流れると安心感を得る。一方で，下から照らされるライトアップや小さなさまざまな光の粒で形をつくるイルミネーションなどは非日常的な光であり，これを見ると高揚感を覚える。このように光と色による視環境は，私たちの心理に影響を与えるものである。

（1）視環境

私たちが「見る」仕組みは，目に入ってくる光を目の視細胞でとら

え，それを脳で判断するのであるが，光は電磁波の一部であり，光の中でも「見る」ことができるのは狭い範囲である。電磁波の波長の長さで名称や特徴が異なるが，この「見ることができる」範囲を可視域といい，波長はおよそ380〜780nm（ナノメートル，n＝10^{-9}）である（図8-1）。

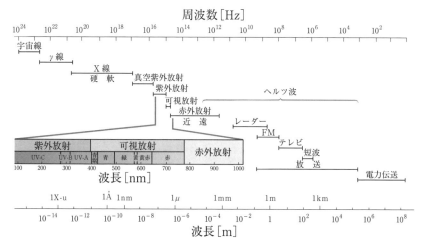

図8-1　電磁波のうちの可視域[1]

＜出典＞日本建築学会編『建築環境工学用教材　環境編 第1版』（丸善，1988年）

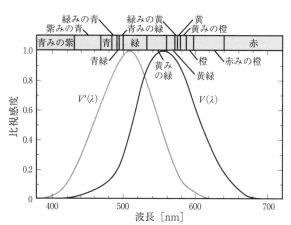

$V(\lambda)$：明所視［最大視感度683 lm/W（555 nm）］
$V'(\lambda)$：暗所視［最大視感度1725 lm/W（507 nm）］

図8-2　比視感度曲線[1]

＜出典＞日本建築学会編『建築環境工学用教材　環境編 第3版』（丸善，1995年）

ヒトの目は個人差があるものの，図8-2の比視感度に示すように，この範囲内で短波長から長波長の順に紫・青・緑・黄・赤を見ることができる。380nm より短ければ紫外線，780nm より長ければ赤外線となり，見ることができない。

（2） 見るための条件

　暗闇ではモノは見えないし，また，白い背景に白いモノを置いても見えない。人がモノを見るためには，一定の条件が必要である。それは，①明るさ，②対比，③大きさ，④時間である。

　①明るさは，月明かりでもある程度ものが見えるが，文字を読むのは難しいように，作業によって必要となる明るさが異なる。②対比は，白い紙に黄色の文字は見づらい。明るさの対比が低いからである。見やすさは色味の差ではなく，明暗の差でほぼ決まる。③大きさは，手に取ったり近づいたりして大きさを自分で調整できる場合はよいが，それができない案内サインなどは留意が必要である。④時間は，一瞬では見づらいが，時間をかければ見える。②③④は住環境そのものにはあまり関係がないように思えるが，これらの条件が厳しいときに，①の明るさが適切であれば見えるものもあり，逆に明るさが不適切であると見えづらくなる。

（3） 明るさを表す心理的な物理量：照度と輝度

　明るさを話すときに，尺度が必要となる。まずその場所がどのくらいの光を得ているかを表すのが「照度」（単位は lx：ルクス）である。また，ヒトがある点を見たときのその点の明るさを「輝度」という。厳密には比視感度を含めた光の物理量だけなので，見た目の明るさとは異なる。私たちは視環境の中で，相対的に光をとらえているからである。

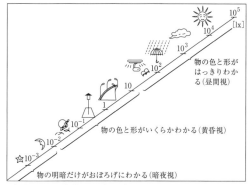

自然界の照度範囲。自然光による環境照度は月のない夜の0.0003ルクスから直射日光下の10万ルクスという非常に広い範囲にわたる。現代都市生活に闇夜がないのは不自然である。

図 8 - 3　照度の目安[2]

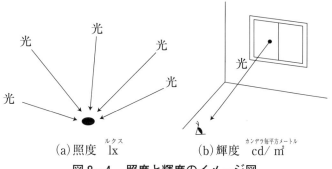

図 8 - 4　照度と輝度のイメージ図

a　照度基準

　（2）でも述べたように，本を読む，ミシンをかけるなどの行為や部屋の用途によって必要とする明るさは異なる。表 8 - 1 に照明設計基準を示す。必要以上に明るくするのはエネルギーの無駄使いになるので，メリハリをつけることを心がけたい。

表8-1 照明設計基準[1]

照度[lx] \ 用途	居間	書斎	子供室・勉強室	応接室(洋間)	座敷	食堂	台所	寝室	家事室・作業室	浴室・脱衣室・便所・洗面室・化粧室	階段・廊下	納戸・物置	玄関(内側)	門・玄関(外側)	車庫	庭	共同住宅の共用部分
1500																	
1000	手芸0.7、裁縫0.7								手芸0.7、裁縫0.7、ミシン0.7								
750		勉強0.7、読書0.7	勉強0.7、読書0.7														管理事務所
500		VDT作業						読書、化粧	工作0.7、VDT作業				鏡				受付0.7、集会室
300	読書0.7					食卓	調理台、流し台		洗濯	ひげそり、化粧、洗面							
200	団らん、娯楽(注)		遊び、コンピュータゲーム、飾り棚	テーブル、ソファ、飾り棚	座卓、床の間								靴脱ぎ、飾り棚				ロビー、エレベーター、エレベーターホール
150																	洗濯場60、階段40
100		全般	全般	全般	全般		全般		全般	全般			全般			パーティー、食事	浴室、脱衣室60、廊下40、棟の出入口140
75								全般									
50	全般					全般					全般	全般40					
30														表札、門標、新聞受け、インターホン	全般40	テラス、全般40	非常階段40、物置40、車庫40、ピロティー40
20																	
15																	
10																	
5														通路		通路	
3											深夜						
2								深夜						防犯		防犯	
1																	
備考	調光を可能とすることが望ましい。(注)軽い読書は娯楽とみなす。			調光を可能とすることが望ましい。				調光を可能とすることが望ましい。									(注)主として在室人物に対する鉛直面照度。

【凡例】行方向：維持照度[lx]。複数条件が通常と異なる場合には、設計照度は1段階上下させて設定してもよい。
列方向：各室内の各視作業項目名。右上の数値：照度均斉度の最小値、無記入は表示なし。
右下の数値：平均演色評価数の推奨最小値。無記入は80、ーは表示なし。
それぞれの場所の用途に応じて全般照明と局部照明とを併用することが望ましい。
表内の各視作業項目名は照明基準総則（JIS Z 9110:2010）
<出典>日本工業規格 照明基準総則（JIS Z 9110:2010）

b　光の色

　明るさのための光の量とともに，光の色も考えたい。ろうそくの赤い光は夕食時の団らんにふさわしいし，蛍光灯の青白い光は執務や勉強など集中した雰囲気を醸し出す。光の色は**色温度**（単位はＫ：ケルビン）で表す。表8−2に光の色と色温度を示す。また，暗めの光では赤い光がほっとするが，暗めの光で青白いと不気味な感じがするなど，明るさと色味との組み合わせが与える印象が明らかにされている。光の明るさと色温度の関係を図8−5に示す。

表8−2　光の色と色温度[1]

昼光光源	色温度[K]	人工光源	光色の見え方
• 25500 特に澄んだ北西の青空光	—20000—		涼しい（青みがかった白）
• 12300 北天青空光	—10000—		
	—7000—	• 6500　昼光色蛍光ランプ	
• 6250 曇天光	—6000—	• 5800　透明水銀ランプ	
	—5300—		
• 5250 直射日光	—5000—	• 5000　昼白色蛍光ランプ	中間（白）
		• 4200　白色蛍光ランプ	
	—4000—	• 3900　蛍光水銀ランプ	
		• 3800　メタルハライドランプ	
		• 3500　温白色蛍光ランプ	
	—3300—		
	—3000—	• 3000　電球色蛍光ランプ	暖かい（赤みがかった白）
		• 2850　ハロゲン電球　白熱電球	
	—2000—	• 2050　高圧ナトリウムランプ	
• 1850 夕日		• 1920　ろうそくの炎	

＜出典＞日本建築学会編『設計計画パンフレット30　昼光照明の計画』（彰国社，1985年）

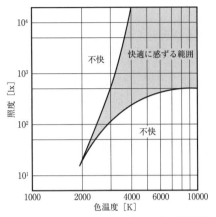

図8-5　光の明るさと色温度の関係[1]

コラム　注意したい光環境

グレア：人工光源が直接目に入ったり，明るい窓面と暗い室内との対比が大きすぎたりすると，まぶしすぎて見えづらくなったり，目に疲労を感じたりすることがある。これをグレアという。窓装置や照明器具を使いグレアを防ぐことができる。

光害：夜間投光照明として，道路照明，サーチライト，ライトアップなどがあるが，これらは暗い中で見ることに役立つ一方で，夜空の月や星を見るためには害になることがある。宇宙から見た夜側の地球は，経済的な営みが光の筋となって分かりやすいほどである。また，生理的な体調のリズム（サーカディアンリズム）を確保するためには，昼間に十分な光を浴び，夜間は強い光を浴びないほうがよいといわれている。夜間の必要以上に明るい照明は，エネルギー消費の点からも害になる。

シルエット現象・光の方向性：光を背に受けて人と対峙すると，顔が暗がりになり表情がよく見えない。これをシルエット現象という。リビングのソファと窓の配置などに配慮したい。昼間でも補助光源として人工光源が必要となる場合がある。また，顔の凹凸をよく見せるには，顔の真正面か

ら光を当てず，斜めの方向から光を当てるとよいなど，光の方向性にも注
意するとよい。

---

2. 昼光利用

（1）窓の役割

　住宅における窓の役割には，空気の循環などもあるが，**自然光**である
日光を室内の明るさ確保として取り入れる「採光」，外部の「眺望性」
などによる「開放感」がある。このように居住者の心身の健康のために
窓の役割は大きい。そのため建築基準法では居室においては，側窓の大
きさを床面積の 7 分の 1 に定めている。採光の意味では，窓がどの位置
に開いているかでその効果は異なるため，例外規定がある。図 8-6 に
窓などの開口部の分類を示す。

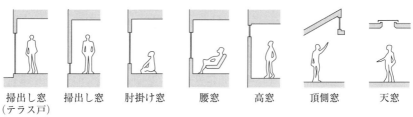

掃出し窓　　掃出し窓　　肘掛け窓　　腰窓　　高窓　　頂側窓　　天窓
（テラス戸）

図 8-6　開口部の分類[1), 11)]

（2）ライトシェルフ，ライトダクト

　窓面から自然光を取り入れる場合，どうしても窓面近くは明るいが，
窓面から離れると暗くなり，適切な明るさ確保のために人工光源を必要
とする場合がある。窓面から離れても，自然光を取り入れて明るさを確
保する方法としてライトシェルフ，ライトダクトがある（図 8-7）。光
の反射の性質を利用して窓より遠くに光を導く手法である。

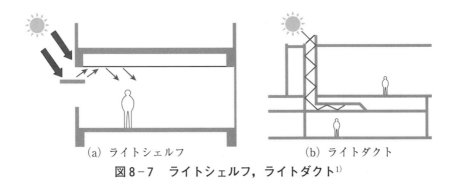

(a) ライトシェルフ　　　　　　　　(b) ライトダクト

図8-7　ライトシェルフ，ライトダクト[1]

コラム　日本の窓・西洋の窓

　伝統的な日本の住まいと西洋のそれとは，そもそもの建物のつくりの違いからくる開口部の違いがある（図8-8）。日本の場合には柱，梁による空間構成のため開口部が比較的自由にあり，西洋の場合は石積み・煉瓦積みの建物のため縦長の開口部になる。室内に取り入れる光の量・質もこれらの違いからおのずと違いがあり，それによって室内の設えや光の価値観も変わってこよう（図8-9）。例えば，伝統的に使われてきた「障子」は，方向性の強い光を面的な柔らかい拡散光に変える効果を有している。また，縁側は外光を反射し，室内に下からの光を導く。谷崎潤一郎の『陰翳礼讃』[4]では，伝統的な日本の暗さに言及している。昨今では日本の住宅も西洋風に壁構造がみられ，一見窓に違いがないように思えるが，このような光のありようの歴史を考えてみることは意義深い。

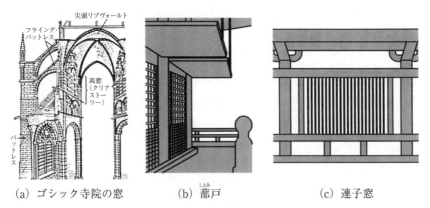

(a) ゴシック寺院の窓　　　　(b) 蔀戸　　　　(c) 連子窓

図8-8　伝統的な西洋の窓・日本の窓[1]

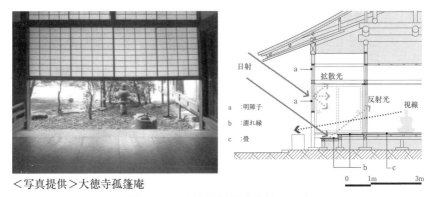

<写真提供>大徳寺孤篷庵

図 8 - 9　大徳寺孤篷庵忘筌の光[5]

3. 人工照明

(1) 人工照明の光源

　私たちヒトの営みは，自然光による採光だけでは成り立たず，人工照明が不可欠になっている。人工光源は古くはろうそくから始まり，ガス灯，白熱灯，蛍光灯，昨今では LED 照明が普及しつつあり，有機 EL もみられるようになった。表 8 - 3 に現在使用されている主な人工照明を比較する。初期費用，ランニングコストや環境負荷が異なるので，適材適所を心がけたい。

表 8 - 3　人工照明の光源

	白熱電球	蛍光ランプ (直管三波長型)	蛍光ランプ (電球型)	LED ランプ
エネルギー効率 [lm/W]	12～14	96	61～68	20～150 (～250)
寿　命 [h]	1000～ 2000	12000	6000	40000 (～50000)

<出典>新・照明教室シリーズ<普及部編>『照明の基礎知識（中級編）』改訂版/2005年刊行
　平手[1] p.74，表 5 . 1 より筆者作成

（2） 照明器具

　人工光源を住まいに取り付けるための照明器具にも種類がある（図8-10）。ほぼ360度まんべんなく照らすのか，ある方向を主に照らすのかなどの配光特性の違いがあること，また，フロアスタンドのように配置を比較的容易に変更できる単独の照明器具もあれば，直接天井や壁，床に取り付ける建築照明もある。建築照明には，光源からの光を直接当てることで明るくする直接光，光源は見せずに壁面などに反射させて反射光により部屋を明るくする間接光がある。また，部屋全体の明るさ確保とともに，机上面などの明るさ確保を別々に行うタスクアンビエントという照明手法もある（図8-11）。

　図8-12にランプのデザインの例を示す。優れたデザインのものは長い年月を経ても廃れず使われている。

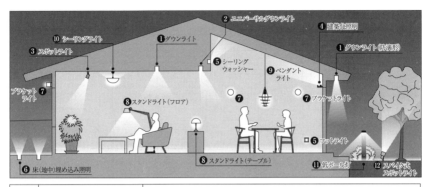

分類	器具の種類	器具の特徴
建築照明	❶ダウンライト	・天井に開口をあけて埋め込むように設置される照明器具 ・明るさ（光束）と光色のバリエーションも豊富で、比較的安価に取り付けが可能
	❷ユニバーサルダウンライト	・ダウンライトと同様に天井に開口をあけて埋め込むように設置される照明器具 ・照射方向を変えられるため、スポットライトのように局部的に照明することも可能
	❸スポットライト	・照射方向を変えられ、直付け型またはライティングレールに取り付け可能な照明器具 ・明るさ（光束）と光色（色温度）のバリエーションも豊富で、屋外用もある
	❹建築化照明	・内装と一体化して設置される照明手法 ・器具自体は見せない間接照明として使用されることが多い
	❺壁埋め込み照明 （フットライト/ シーリングウォッシャー）	・フットライトは、壁の下部に埋め込むように設置され、足元を照らす ・フットライトは形状や配光の種類も豊富で、屋外用もある ・シーリングウォッシャーは、壁の上部に埋め込むように設置し、天井を照らす
	❻床（地中）埋め込み照明	・地中または床に埋め込むように設置される照明器具 ・照射方向が変えられるタイプや光の広がりなどの種類も豊富
装飾照明	❼ブラケットライト	・壁に直付けされる照明器具 ・形状や配光のバリエーションも豊富で、屋外用もある
	❽スタンドライト （フロア/テーブル/ タスク）	・コンセントで使用可能な置き形の照明器具 ・床に置く場合のフロアスタンド、テーブルに置く場合のテーブルスタンド、書斎などで使用するタスクライトなど、種類が豊富
	❾ペンダントライト （シャンデリア）	・天井から吊り下げられる照明器具 ・直付け型とライティングレールに取り付け可能なタイプもある ・デザインや配光、大きさのバリエーションも豊富 ・ペンダントよりも大型でより装飾的な吊り下げ器具は、シャンデリアという
	❿シーリングライト	・天井に直付けされる照明器具 ・部屋全般を照明しやすく、大きさのバリエーションも豊富
屋外	⓫低ポール灯 ⓬スパイク式スポットライト	・ボラードまたはガーデンライトとも呼ばれ、形状や配光のバリエーションが豊富 ・スパイク式のスポットライトで、設置場所を変更可能

図 8 - 10　照明器具の種類[6]

ダウンライト（拡散配光）　　建築化照明用器具

デスク
ライト

図8-11　タスクアンビエント照明の例[6]

(a)ルイスポールセン「PH5」　(b)イサム・ノグチ「AKARI」　(c)倉俣史朗「K-series」　(d)レ・クリント「クラシックペンダント」

図8-12　ランプのデザイン例
＜写真提供＞(a)ルイスポールセンジャパン，(b)株式会社オゼキ，
(c)(d)YAMAGIWA　https://www.yamagiwa.co.jp

4．色彩の基礎

（1）色が見える仕組み

　視環境には色もあり，その影響力は大きい。色が見える仕組みは，図8-13に示すように，光がモノに当たり，そのモノが光の一部を反射し，反射した光を目がとらえ，脳に送り色を判断する。赤や青のような私たちが見ている色は，実はモノが受けた光のうち反射した光の色を見ているのである。図8-14に，赤や青などのモノが可視域（前掲図8-1，8-

2）のどの波長を反射するのかを示す。左図の N9.5 や N7.5 は，後述するマンセル表色系における無彩色を表す記号である。図 8 - 13 に示したように，私たちが見るモノの色は，モノに光が入射し，モノから反射した光をヒトの目が受け取った結果であるから，例えば最初の光が赤っぽい光だけであれば，もともと青側の光がない。モノが青の場合に反射させる青側の光がないわけだから，黒っぽく見えてしまう（図 8 - 15）。このため，視環境にあるさまざまな色を適切に見るためには，適切な光環境が肝要である。

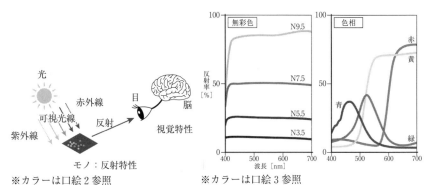

※カラーは口絵 2 参照

図 8 - 13　光—モノ—目

※カラーは口絵 3 参照

図 8 - 14　赤・青・白・灰色・黒のモノ[7]

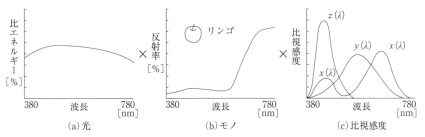

図 8 - 15　光×モノ×比視感度

（2）表色系と印象

　色を説明するために，表色系（モノの色を表すシステム）を紹介しておく。色には赤，黄，青などの色味とともに，白，灰，黒などの明るさがあり，また鮮やかな赤，くすんだ赤，薄い赤など，同じ色の中でも濃淡があるように，さまざまな色の表し方がある。ただし，このような言葉だけで正しく色を伝えることは難しいので，先人たちは工夫を凝らしてきた。

　さまざまな色を，似たような色を近くに，異なる色を遠くに置いていくと，ほぼ球体の立体になる。これを色立体という。白を一番上に置くと，黒は一番下になり，縦の中心は白から黒の無彩色（色味がない）に，そこから水平に球の外に向かうと鮮やかになる。中央を水平に切ったときに見える円環上には赤，黄，緑，青などが置かれ，ひと回りすると同じ色に戻ってくる。この色立体は3次元であるので，3つの独立した属性の値が決まれば1つの色が決まる。この3つの属性に名称を付け，英数字などで表し，各色を一対一対応で表そうとするものが**表色系**である。世界にはいくつかの表色系があるが，日本のJIS（日本産業規格）では修正マンセル表色系を採用している。その色立体と3つの属性（色相，明度，彩度）を図8-16に示す。

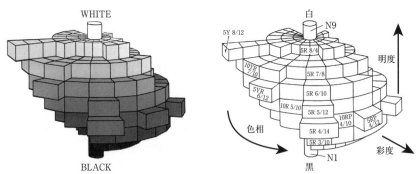

※カラーは口絵4参照

図8-16　色立体と色相・明度・彩度

<出典>（左）乾[8]口絵　（右）大山[9]p.139，図9-2を一部改変

a　演色性

（1）において述べたように，さまざまな色が視環境にあるとき，それらを見分けられるような光環境が望ましい。この「色を見分けられる」光の性質を**演色性**という。赤い野菜が黒っぽく見えると新鮮さを判断できないし，色鉛筆の色が一部黒っぽく見えて区別がつかないのでは色の選択に支障がでる。演色性の例を図8-17に示す。日中の自然光，特に北空昼光は，可視域全てをほぼ同量に含んだ光なので，演色性に優れている。このときの演色性を100としたときのさまざまな人工光源の演色性を表す数値を演色評価数という（表8-4）。特に住宅ではさまざまな行為を1か所で行うことが多いので気をつけたい。

| D50 蛍光灯 | 昼白色蛍光灯 | LED電球 |

※カラーは口絵5参照

図8-17　演色性の例

＜出典＞コニカミノルタジャパン株式会社「ひかり豆辞典」演色性とは
https://www.konicaminolta.jp/instruments/knowledge/light_bulb/color_rendition/index.html

表8-4　演色評価数（Ra）[3]

光　源　の　種　類		ランプ電力 [W]	効率 [lm/W]	演色性 [Ra]	色温度 [K]
白熱電球		10〜200	9〜18	100	2800〜2850
ハロゲン電球		20〜500	14〜23	100	2800〜3050
蛍光ランプ	普通形	4〜110	24〜89	60〜74	3500〜6500
	三波長形	10〜110	52〜92	88	3000〜6700
	高演色形	10〜110	35〜61	90〜99	3000〜6500
水銀ランプ	透明形	40〜2000	51	14	5800
	蛍光形	40〜2000	53〜55	40〜50	3300〜3900
メタルハライドランプ	高効率形	100〜2000	95〜106	70	3800
	高演色形	125〜400	48	90	4600
高圧ナトリウムランプ	高効率形	70〜1000	114〜132	25	2050〜2100
	高演色形	50〜400	54	85	2500

＜出典＞日本建築学会編『建築設計資料集成Ⅰ　環境』（丸善，1978年）

　なお，厳密には演色性評価で評価しようとする光源によって，基準となる光源が異なる。

b　色と感情（トーンと色相）

　色彩は感情効果に結びつきやすい。例えば，赤を見ると元気な感じ，青を見ると落ち着いた感じ，などである。色彩の３属性（色相，明度，彩度）について前述したが，明度と彩度を組み合わせたトーンという概念もあり，色相とトーン別に結びつきやすい感情効果を図８-18に示す。住環境をどのような感じにしたいのかを考え，インテリアの壁紙や床材，外装もそれにふさわしい色彩の選択をしたい。

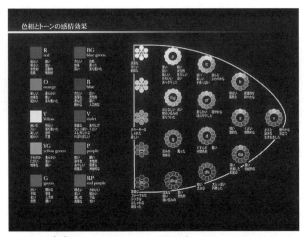

色相　　　　　　　　　　　トーン

※カラーは口絵６参照

図8-18　色と感情[10)]

コラム　メタメリズム（条件等色）

　図８-15に示したように，私たちが見る色は，光とモノとヒト側の比視感度がかけ合わさった結果である。この光の性質によっては，同じモノで

あっても違ったように見えることがある。また，同じように見えたとしても，別の光環境に置かれると別の色に見えることもある。このように実はモノは違う色である（＝物体の反射特性が異なる）が，条件によって同じ色に見えることをメタメリズム（条件等色）という。具体的には，例えばトップスとボトムスの洋服を別々に買って，家（人工照明）で合わせたときには同じ色に見えたのに，外に出かける（自然光）と違う色であったというような場合である。そのため，洋服を合わせる，化粧をするなどの照明にも十分気をつけたい。

5．色彩の応用

　住まいの外壁や内装・インテリアの色彩計画を行う際に，留意する事項をあげておく。

（1）外部の色彩

　住まいの外部の色彩は壁面，屋根面が主な部位であり，大きな面積としてこれらの色彩の影響力は大きい。また，他に軒先，軒裏，窓面のサッシ，手すりなど小さな部位にも色彩があり，これらをアクセント色として効果的に利用することもできる。ただし，鮮やかな色彩は注意が必要である。たとえ個人の住宅であっても，外部は公にさらされることになるので，周辺環境との調和や周りに与える影響には気をつけたい。第 5 章「世界と日本の住まいとまちのかたち」でも述べたが，自治体が景観に関して色彩に条件を課していることがあるのでそれに従うことと，なによりもまず，外部環境は自分だけがよければよいのではなく，周囲に影響を与えるものだという意識をもって色を決めたいものである。

（2）内装・インテリアの配色

　内装・インテリアは外部と異なり，個人の好みによって決めることができる。海外と比べ，日本の内装の壁色は白色が圧倒的に多いという傾向がある。他の家具・床・建具などの色と合わせやすいという面があるかもしれない。ただ，最近では室の一面だけ色味がある内壁色を使う例もみられ，これをアクセントウォールという。間接照明と組み合わせると，演出効果が高い。

（3）住まいの色彩で留意すること

　住まいの色彩を決めるときに，次の点に留意すると失敗が少ないだろう。

a　面積効果や光環境の影響

　壁面の色などをカタログや小さな色見本から決めると，実際には面積が大きいため，思ったよりも派手だったとか，思ったよりも黒っぽくなったなどの失敗が聞かれる。これを面積効果という。面積の大小など条件が複雑なので値を予測することは難しいが，一般に色の効果が大きく出る傾向にある。例えば面積が大きくなると，鮮やかな色はより鮮やかに，暗い色はより暗く，明るい色はより明るくなる。この面積効果を念頭に置いて色を決めるとよいし，できれば実物に近い大きさの色見本を，実際の現場，つまり実際の光環境の下で見るとよい。

b　対比効果

　私たちは色を絶対値で見ることができず，周囲と比較しながら相対的に認識する。同じ色であっても，周りの環境が異なれば違う色に見える。特に周りの色が大きいときなどには，その色との違いを大きく見ようとし，色が変わって見えることがある。これを対比効果という。このため，例えば室内の色彩を決めるときには，室内の他の部位の色彩も同

時に用意し，隣り合う色を突き合わせながら，実際の環境に近い環境にして検討するとよい。

c　同化効果

対比効果とは逆に，例えばタイルと目地色が混ざってタイルの色が変わって見えることがある。このような現象を同化効果という。これもタイルだけで検討するのではなく，実際の状況と同様にして色を検討する必要がある。

研究課題

自宅の照明器具の光源の明るさや色味，配光の特徴を把握し，その部屋で行われている行為や雰囲気に合っているか検討してみよう。

引用・参考文献

1）平手小太郎『建築光環境・視環境』数理工学社，2011年

2）金子隆芳『色の科学』朝倉書店，1995年

3）環境工学教科書研究会編著『環境工学教科書』彰国社，1996年

4）谷崎潤一郎『陰翳礼讃』中公文庫，1975年

5）日本建築学会編『光のデザイン手法と技術』彰国社，2020年

6）福多佳子『照明設計の教科書』学芸出版社，2021年

7）近江源太郎『カラーコーディネーターのための色彩心理入門』日本色研事業，2003年

8）乾正雄『建築の色彩設計』鹿島出版会，1976年

9）大山正『色彩心理学入門』中公新書，1994年

10）日本色彩研究所『色彩スライド集』2001年

11）内田祥哉編『構法計画ハンドブック』朝倉書店，1980年

9 | 住まいの音環境

上野佳奈子

《**目標＆ポイント**》 音環境に関わる住まいの役割や性能，音環境計画の基本を学び，音の面から住環境を見直すための基礎知識を得ることを目標とする。まず，居住者にとっての音環境について概観し，音と聴覚の基本，騒音や壁の音響性能の評価指標について学ぶ。次に，外部騒音の防止，室間の遮音性能の確保，響きの調整といった音環境計画の基本を学ぶ。最後に，密集した住宅街や集合住宅など，他者と近接した住環境における住まい方について考える。

《**キーワード**》 サウンドスケープ，騒音レベル，遮音性能，吸音性能，響き，残響時間，住まい方，近隣騒音

1. 居住者にとっての音

　住まいにおける音の役割について考えてみよう。人は聴覚によって常に周囲の状況を把握しており，音は情報を伝える媒体として機能している。家族との会話においては，音は言語情報や感情を伝える役割を担う。外来者が来たことを知らせるインターホンの音，家電が発するサイン音など，さまざまな事象を知らせるための音も多く存在している。加えて，趣味や娯楽として，音楽鑑賞や楽器演奏を楽しむ人にとっては，音はとりわけ重要な役割を果たす。

　音声や音楽，サイン音といった意味性の強い音以外にも，足音やドアが閉まる音など，人の行為に伴って生じる音は，家族の行動を把握する手がかりとなる。他者が発する音が聞こえることによって，人とのつな

がりや安心感が得られる。さらに，窓の外から聞こえる鳥や虫の声は，季節を感じさせ，生活に彩りを添えてくれる。音を一元的な数値で評価するのではなく，意味性や審美性，機能性を含めてとらえた「音の風景」を**サウンドスケープ**と呼ぶ。住まいのサウンドスケープは，周辺環境や外壁の遮音性能，内部空間のつながり方によって異なって表れ，生活の背景をつくっている。

　一方で，音は生活における妨害要素となることも多い。都市は，道路・鉄道・建設工事現場など，利便性・機能性の維持に伴って副次的に発生する騒音に満ちあふれている。これらの環境騒音を遮断し，人の生活に必要とされる静穏な空間を確保することは，住まいにとって最も重要な音環境性能といえる。加えて，密集した住宅地や集合住宅においては，隣接する住戸の生活音も騒音となりうる。このような近隣騒音においては，音の大きさや種類，時間変動などの物理的な特性だけでなく，家族構成や生活パターンの違い，感じ方の個人差，人間関係なども，騒音の妨害感に関わってくる。

2. 音の基本現象と指標

（1）音の可聴範囲

　音波は，物体の振動が気体や固体中を伝わる波動現象である。一般に人が聴く音は，空気中を伝わる音波である。音を発する物体があると，それを取り巻く空気の圧力が変化し，空気の粒子が動く。隣り合った空気の粒子は互いに影響を受け，空気の粒子の振動は隣の粒子に次々と伝わっていく。空気粒子の振動によって生じる圧力の変化，すなわち大気圧からの圧力差のことを音圧と呼び，音圧の大小が聴覚により知覚される音の大小に関係する。

　人の可聴範囲は音圧で20μPa〜20Pa（Pa：パスカル，圧力の単位。

μ = 10^{-6}）であり，6桁という広い範囲にわたる。また人の感覚は，刺激の絶対量よりも，むしろその対数に比例する傾向がある（ウェーバー・フェヒナーの法則）。これらのことから，音の大きさに関わる物理量には，デシベル表示（レベル表示）が用いられる。デシベル表示は，次の式で示すとおり，ある量（A）を表すときに基準値（A_0）との比をとり，その常用対数を10倍した値で，単位には dB を用いる。音圧変動の振幅は音圧レベルで表され，音に関する最も基本的な指標として使われている。

$$L = 10 \log_{10} (A/A_0)$$

一方，音圧変動に含まれる周波数は音の高さとして知覚され，人の可聴範囲は，一般に20～20000Hz といわれている。高い音は周波数が高く，波長が短い。低い音は周波数が低く，波長が長い。空気中の音速はおよそ340m/s であり，100Hz の音の波長は3.4m，10000Hz では3.4cm であるから，人が聴く音の波長は低い音は数メートル，高い音は数センチである。このことは，騒音源に対して塀を立てたときに，高い音（細かい波）に対しては効果が大きく，低い音（スケールが大きな波）に対しては効果が小さいという現象と関係する。音のコントロールを考えるうえでは，音の周波数特性が重要な意味をもつのである。

（2）騒音レベル

音の大きさの感覚は周波数に依存しており，低い音に対して感度が鈍いことが知られている。すなわち，低い音は物理的に音圧レベルが高くても，人にとっては小さい音にしか聞こえない。この聴覚の特性を考慮するために，A特性と呼ばれる周波数特性の重み付け特性（聴覚の感度補正）が規定され，用いられている。A特性をかけた音圧レベルは，さまざまな周波数の音を含む一般の騒音の感覚的な大きさを簡便に表す量として使われ，**騒音レベル**（もしくはA特性音圧レベル）と呼ばれる。

　図 9-1 に身のまわりの音の騒音レベルを示す。生活空間は，概ね30〜90dB 程度であることが読み取れる。住宅内で生じる会話やテレビの視聴音は，多くは50〜70dB 程度であるが，大声での話し声や楽器の演奏，犬の鳴き声などは90dB を超える場合もある。このような数値で示される騒音レベルは，騒音の感覚的な大きさとよく対応することが知られている。一方で，壁から漏れ聞こえてくる会話など，小さくても気になる音や耳障りな音も存在することを忘れてはならない。また，静けさによって，かえって些細な音が気になってしまう場合もある。

　このような現象に関連して知っておきたい聴覚心理効果として，マスキング効果がある。これは，ある音が別の音の存在によって聞き取りにくくなる現象で，聞こえてほしくない音を気にならなくするために，マスキング音が利用できる。例えば，静けさによって小さな音が気になってしまう場合には，窓を開けて外の音を取り入れる，エアコンの送風でノイズを発生させる，音楽をかけるなど，マスキング効果を使った音環境の調整も有効である。

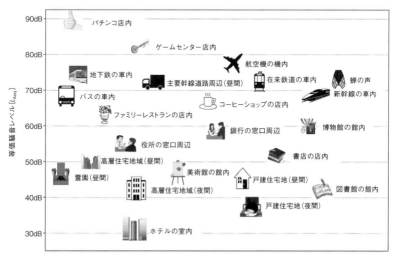

図 9-1　騒音の目安（都心・近郊用）
（注）この図に表記されている各数値はあくまで目安であることに留意すること。
＜出典＞全国環境研協議会騒音調査小委員会「騒音の目安」

（3） 壁体の音響的役割（遮音と吸音）

　壁体の音響特性は，**遮音性能**と**吸音性能**の2つの特性として定義される。遮音性能は，隣り合う空間の音を遮断する性能である。壁を透過する音について，壁を挟んだ両側に生じる音圧レベルの差は音響透過損失（単位は dB）と呼ばれ，材料の遮音性能を表す量として用いられている。音響透過損失は材料の質量が増すほど大きな値となる。すなわち，重い（同じ材料であれば厚い）壁ほど遮音性能が高い。

　材料の吸音性能は，壁への入射音に対してどの程度反射音を小さくするか，すなわち反射されなかった音の割合に相当する「吸音率」で表される。コンクリートやガラスのような硬い材料の吸音率はゼロに近い。吸音が働くメカニズムには大きく3種類あり，吸音特性が異なる。1つめは通気性のある繊維質の材料で，多孔質吸音材料と呼ばれ，主に高音域（高い音）の吸音率が高い。断熱材料としても使われるグラスウール，天井の仕上げ材料によく使われる岩綿吸音板や，カーテン，カーペットなどがこれにあたり，厚さが厚いほど低音まで吸音効果をもつ。2つめは，共鳴の原理により吸音する共鳴器型吸音構造で，特定の周波数を中心とした山形の吸音特性をもつ。音楽室の壁などによく使われる有孔板はこの原理で吸音するもので，中音域の吸音率が高い。3つめは，板（膜）振動型吸音構造で，太鼓の革の振動にみられるように，共振によって吸音し，低音域に吸音率のピークをもつ。室内にいくつかの材料が使われる場合，面積割合に応じた吸音率の平均に相当する平均吸音率が，室の吸音の程度を示す量となる。

　遮音性能を表す音響透過損失や，吸音性能を表す吸音率は，横軸を周波数とした周波数特性として表され，材料の物性値として建築の設計時に参照される。図9-2に身近な材料の遮音性能（音響透過損失），吸音性能（吸音率）の例を示す。

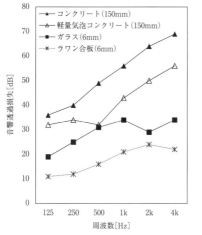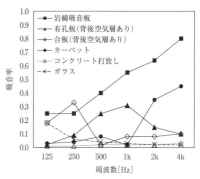

図 9 − 2　身近な材料の遮音性能・吸音性能
＜出典＞日本建築学会[2]より作成

3. 音環境計画の基本

（1）外部騒音の防止

　住まいに求められる静けさを確保するには，外部の音の侵入を防ぐための遮音性能が必要になる。室内にどの程度の静けさを求めるかは，室の用途や個人の感じ方によっても異なるが，騒音レベルで35dB が推奨値として示されている[1]。近隣に道路や鉄道などの騒音源がある場合には特に，静けさを確保するために高い遮音性能が求められる。

　遮音性能を考える際には，音の伝搬について理解することが重要である。空気中を伝わる音は，空気伝搬音と呼ばれ，一般に屋外（遮るものがなく音波が広がっていく空間）では，音源から離れるに従ってしだいに小さくなる。一方，建物の躯体（構造体）において，騒音が主に振動の形で伝わり，最終的に居室の空間の壁や床，天井などから音として再放射される現象を固体伝搬音という。例えば，近隣を走行する地下鉄の

音が室内で聞こえる場合や，人の歩行や飛び跳ねなどが下階で聞こえる床衝撃音は，固体伝搬音によるものである。

　外部騒音を防止するための計画としては，まず周囲の騒音源や振動発生源の位置や発生レベルを把握するとともに，室内に求められる静けさを設定し，両者の差分をつくるための外周壁の遮音性能を求め，それを確保する材料・構法を検討することになる。ここで，外周壁の遮音性能は，外壁を構成する壁・窓・換気口などの要素の総合的な性能となることに注意が必要である。窓ガラス・サッシや換気口は一般に壁体に比べて遮音性能が低く，壁全体の総合性能を下げてしまうことがある。

　なお，近隣との関係を考えるうえでは，自身の住戸が騒音源となりうることも考慮しなければならない。大音量での音楽鑑賞を好む場合，夜間に楽器演奏などを行う場合，外への音漏れを防ぐために外壁の遮音性能を高める必要がある。窓や換気口が遮音性能の弱点になることを防ぐためには，二重窓や防音仕様の換気口を用いるなどの対策がなされる。

コラム　環境騒音の評価

　わが国では，一般騒音（主として道路騒音）や航空機騒音，新幹線騒音に対して環境基準が定められている。これらは，環境基本法第16条に書かれた「人の健康を保護し，生活環境を保全する上で維持されることが望ましい基準」として，騒音の上限値が示されたものである。一般騒音に対しては，「騒音に係る環境基準」において地域ごと，時間帯（昼間・夜間）ごとに，保全すべき騒音環境が示されている。住居地域（一定以上の「道路に面する地域」を除く）では，敷地境界での騒音レベルとして，昼間55dB，夜間45dB という値となっている。

（2）室間の遮音性能の確保

　集合住宅の場合，隣接住戸との間の壁厚は一般に20cm 程度であり，互いに騒音の影響を受けずに生活するために，遮音性能の確保は非常に重要といえる。さらには，上階の足音が下階に伝わることを防ぐための性能（床衝撃音遮断性能）を確保することも求められる。

　表 9-1 に，遮音性能と生活実感の対応の例を示す。表中の遮音等級（D等級）は，室間音圧レベル差に対して，評価曲線をあてはめて遮音性能を評価する指標である。ここで，室間音圧レベル差とは，音が発せられる室（音源室）と音を受ける室（受音室）における平均音圧レベルの差である。例えば，遮音等級 D-50では，中音域（500Hz 帯域）で50dBの室間音圧レベル差が得られる。すなわち，室内の平均音圧レベルが80dB のとき，隣室では30dB となる。

　D等級の値は，数値が大きいほど性能が高いことを意味する。集合住宅の隣戸間の界壁の遮音性能としては D-50が推奨性能とされており[1]，これは，厚さ150mm 程度のコンクリート壁の遮音性能に相当する。石膏ボードなどを用いた複層壁の場合には，図 9-3 に示すように，複数のボードを貼り合わせ，壁の内部に吸音材料を挿入するといった工夫がなされる。高層の集合住宅などでは，建物全体を軽量化する必要があり，このような乾式二重壁（ボードを使った複層壁）がよく用いられている。

表 9-1　空気音の遮音等級と生活実感の対応の例

遮音等級	D-55	D-50	D-45
ピアノ・ステレオ等の大きい音，90dBA 程度	かすかに聞こえる	小さく聞こえる	かなり聞こえる
テレビ，ラジオ，会話等，75dBA 程度	通常では聞こえない	ほとんど聞こえない	かすかに聞こえる
生活実感，プライバシーの確保，生活行為の認知	隣戸の気配を感じない	隣戸をほとんど意識しないで生活できる	気配は分かるがあまり気にならない

＜出典＞日本建築学会[1]より抜粋

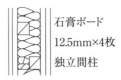

石膏ボード
12.5mm×4枚
独立間柱

図9-3 乾式二重壁による遮音構造の例[2]

　床衝撃音については，素足での歩行や飛び跳ねのような重くて柔らかい衝撃（重量床衝撃）と，椅子の引きずりやスプーンの落下のような軽くて硬い衝撃（軽量床衝撃）の2種類に分けて考える。軽量床衝撃に対しては，底の柔らかいスリッパを履く，カーペットを敷くといった住まい方の工夫で対策効果が得られるが，重量床衝撃音遮断性能は床の剛性（変形しにくさ）によって決まるため，住み始めてから性能を高めることは難しいことを知っておく必要がある。

　床衝撃音の評価においては，実際の衝撃源を模擬した標準衝撃源で上階の床を加振し，下階の室内平均音圧レベルに対して評価曲線をあてはめて，遮音等級（L等級）を求める（騒音レベルを評価量とすることもある）。標準衝撃源としては，重量および軽量の2種類がある。

　表9-2に，床衝撃音に対する遮音性能と生活実感の対応の例を示す。L等級は，下階での聞こえ方に対応するので，値が小さいほど性能が高いことを示す。集合住宅の隣戸間の界床では，重量衝撃源に対してはL-50，軽量衝撃源に対してはL-45が推奨性能とされている[1]。この推奨性能が得られる断面構造の例を，図9-4に示す。左の図は，床スラブ（構造体）に仕上げ材料を直接貼る直床工法，右の図は，床スラブと床仕上げ材の間に空気層を設け，防振ゴムなどの上に床仕上げ材を載せる二重床工法で，昨今は後者が採用されることが多い。二重床工法は配管・配線の面でメリットがあるが，空気層による共鳴などの影響によって，重量床衝撃音遮断性能が低下しやすい。

表9-2　床衝撃音の遮音等級と生活実感の対応の例

遮音等級	L-45	L-50	L-55
人の走り回り，飛び跳ねなど，どんどんなど低音域の音	聞こえるが，意識することはあまりない	小さく聞こえる	聞こえるがお互い様で済む
椅子の移動音，物の落下音など，コンコンなど高音域の音	小さく聞こえる	聞こえるがそれほど気にならない	発生音が気になる
生活実感，プライバシーの確保，生活行為の認知	上階の生活が多少意識される状態	上階の生活状況が意識される	上階の生活行為がある程度分かる

＜出典＞日本建築学会[1]より抜粋

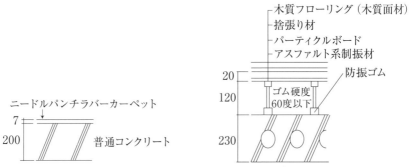

図9-4　床構造の仕様の例[2]

　戸建て住宅の場合には，音は家族の様子を知り互いのつながりや安心感を得ることに寄与しており，必ずしも排除すべき要素ではない。とはいえ，生活時間帯の異なる家族が暮らす二世帯住宅などの場合には，各世帯の生活空間の間に遮音性能が求められることもある。

（3）響きの調整

　響きが生じる現象について考えてみる。室内で音が発せられると，音

は室内表面での反射を繰り返し，反射の度に吸音率に応じて室内に反射するエネルギーは小さくなる。この反射の繰り返しによって徐々に室内の音のエネルギーが減衰して聴こえるのが室の響き（残響）である。したがって，室内の平均吸音率が高ければ響きは短く，平均吸音率が低ければ響きは長くなる。響きの長さを示す指標として**残響時間**が用いられている。これは，音が60dB減衰するまでの時間として定義され，室内の吸音効果が高いほど短くなること，室容積が大きくなるほど長くなることが知られている。

　響きというと音響効果のようにとらえられ，よく響くほうがよいと誤解されることがあるが，響きすぎると音が重なり合って，明瞭性が失われてしまう。また，響くということは音のエネルギーが室内に長く残るということであり，発生音が同じでも，よく響く室では室内平均音圧レベルが大きくなるため，騒々しい印象の空間になりやすい。室内の吸音性能は騒音抑制にも寄与することを認識し，住空間においても必要に応じて響きの調整を図りたい。

　住まいの中でよく響く部屋としては，お風呂場や階段の吹抜けなどが代表的であろうか。歌うと気持ちがよいことから，響きの効果を体感することができる。ソファや寝具，衣服などは多孔質吸音材料の一種であり，吸音効果をもつことから，寝室やクローゼット内は一般に響きが短い。一方，吹抜けのリビングなど室容積が大きい場合や，扉付きの棚など反射面が多く吸音効果をもつ家具が少ない室の場合には，住宅内であっても会話に支障がでるようなケースもある。キッチン内も反射面が多くさまざまな音が発生する場所であり，聴覚が敏感な場合には，音が耳障りに感じられることがある。そのような場合，部屋の響きが原因になっており，吸音する要素を増やすことで緩和することができる。

　住まいの中に楽器練習室やオーディオルームをつくる場合には，まず

は音漏れを防ぐための遮音性能を確保するとともに，響きについても考えたい。ひと口に楽器といっても，管楽器や弦楽器は比較的よく響く環境が好まれ，ピアノや電子楽器など音量が大きい楽器は響きを抑制した部屋が好まれる傾向にある。オーディオルームは，スピーカーから出力される音を堪能したいので，特に多チャンネルのオーディオシステムの場合には，室内の反射音が妨害要素になる。天井に吸音材料を用いる，壁の一部に吸音パネルを取り付けるといった吸音効果を高める工夫を取り入れると，反射音の影響が軽減される。

4．音環境と住まい方

　密集した住宅地や集合住宅においては，音が互いの妨害となることがあり，極端な例では**近隣騒音**トラブルが訴訟にまで発展する事例もある。しかしながら，近接した住戸の生活音を完全に遮断することは不可能であるし，音のない環境は決して心地よいものではないことを忘れてはならない。

　音に関する限り，人はセンサーであると同時に発生源であり，さらに発生する音を自由にコントロールできる。これは，熱・空気・光など他の環境要素とは大きく異なる特徴である。住まいの一室で音楽を聴く，子どもが走り回って遊ぶ，賑やかに談笑する，夜中に洗濯機をまわす，これらはごく一般的な生活行為である。しかし，生活行為により発生する音が隣室の他人に伝わってしまえば，それらは騒音になりうる。そして，音を受ける側の感じ方は，個人の経験や感覚特性によっても大きく異なることを十分に認識する必要がある。

　このような音環境に関わるリスクを念頭に置いて，生活行為やその時間帯を考えることが，都市での生活には求められる。一方，同じ音でも文脈や関係性によって音の意味は異なって表れることも事実であり，耳

障りに感じられるような子どもの声でも，自分との関係性があれば，あたたかく受けとめることができる場合もある。近隣との関係づくりは地域社会の機能維持だけでなく，騒音トラブル解消の一助となることを認識し，醸成を勧めたい。

🎸 研究課題

1. 自宅において，よく響く場所，響かない場所を探してみよう。声を出してみる（文章を読み上げてみる），楽器や目覚まし時計を鳴らす，拍手したり物をたたいたりして衝撃音を出してみると，どのように聞こえ方が異なるだろうか。その違いはなぜ生じているのか，考えてみよう。
2. スマートフォンのアプリを使って身のまわりの音環境の騒音レベルを測定してみよう。同時に，どのような音が聞こえるかを書き出してみよう。騒音レベルやサウンドスケープの観点で，学習に集中しやすい音環境，会話しやすい音環境，リラックスしやすい音環境を発見し，自分にとって居心地のよい環境を整える手がかりにしてみよう。

引用・参考文献

1）日本建築学会『建築物の遮音性能基準と設計指針』第2版，技報堂出版，1997年
2）日本建築学会『建築設計資料集成　環境』丸善，2007年
3）日本建築学会『トラブルになる前に…マンション暮らしの騒音問題』技報堂出版，2018年
4）日本音響学会編『音と生活』コロナ社，2016年

10 | 快適な住まいと住まい方 I ─夏季と中間季─

田中稲子, 谷口　新

《**目標＆ポイント**》　近年の夏は猛暑が続き，室内においても熱中症が問題になるほどである。とはいえ，初夏や夏の夜，春や秋といった中間季は，心地よい外気の中でソトを感じながら過ごせる貴重な季節でもある。快適な住まいを考えるうえで，このような季節において住まいの温熱・空気・光・音の環境はどうあるべきか考えてほしいが，ここでは主に温熱環境の課題に焦点を当てる。日射量が多くなる夏は，適度な採光を得ながらも太陽熱を室内に入れず，室内にたまった熱や湿気は，通風により屋外に逃がす必要がある。また，居住者にも，衣替えと同じように，建具の交換や窓の開閉，打ち水など適切な環境調整行動が求められる。第3章の事例も振り返りながら考えてほしい。
《**キーワード**》　太陽放射，冷房負荷，パッシブクーリング，日射遮へい，排熱，通風，ナイトパージ，熱中症

---

1. 涼しい住まいの基本的な考え方

（1）住宅の暑さはどこから来るのか

　第6章では人間の内部から発生する産熱量と，人体と室内または屋外の環境との間の放射・対流・伝導・蒸発による放熱量のバランスが崩れることで，暑さ・寒さを感じることを学んだ。夏に暑いと感じる状態では，室内であれば，体内での産熱量に対して，例えば室温や放射温度が高いことで，体表面からの放熱量が少なくなっている可能性がある。

　暑い夏の室内で，人体の熱平衡のバランスが崩れない状態，または，

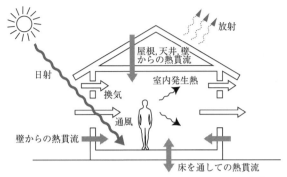

図10－1　夏の室内の熱の発生と侵入経路[1),2)]

　少し放熱量が増えて涼しいと感じる熱的に快適な室内気候が，涼しい住まいを考えるうえでの基本となる。このバランスを崩す室内の暑さはどこから来るのだろうか。図10－1は，日中，住宅において発生または侵入する熱の流れを示したものである。まず，室内にある熱の発生源は，人体や照明・家電製品からの発熱分である。また，屋外から侵入する熱の最大の熱源は**太陽放射**である。ここでは，日射と称することにする。窓を介して直接侵入するものと，日射で熱せられた屋根や壁から間接的に侵入するものがある。日射の当たらない床下は気温が低い場合もあり，熱は室内から屋外へ逃げることもある。さらに，換気口や開けた窓から，日中は暑い空気が直接室内に侵入することになる。

　このようにして，室内に侵入する熱は，室内の表面温度と人体の放射による熱の授受，通風等による気流との間の対流による熱の授受，床との伝導による熱の授受，同様に水蒸気の移動の影響も受け，人体の熱的平衡が崩れると，熱的に不快な環境になる。それだけではなく，熱平衡のバランスが崩れ，体温調節や体温維持が困難になると，熱中症のように健康状態まで危機にさらされることになる。人類が住まいをつくった理由の一つは体温調節・体温維持といわれている。図10－1に示された

侵入してくる熱を断つことが，住まいの暑さを取り除くポイントであり，次項で述べる涼しい住まいの基本につながる。そのうえで，例えば，高齢者や乳幼児，病人などは体温調節が必ずしも適切に機能しない場合があり，熱中症などの生命の危機を回避するために，扇風機やエアコンといった涼房機器の導入も，これほど都市の温暖化が進む現在は必要である。また，オフィスなど用途が限られた空間では，快適性だけでなく作業効率も重視されることから，現代の都市においてまったくエアコンを使わないという環境はほぼないと思われるが，そのための消費エネルギーの増大を避けるためにも，建物には最低限の熱性能が求められる。

（2）涼しい住まいの基本[1]

　上記のことから，住まいで太陽放射すなわち日射の侵入を防ぎ，涼風を取り入れられるようなつくりが基本になることは理解できたであろう。ここで，涼しい住まいの基本を考えるにあたり，2つのケースについて考えてみる。

　①自然環境をうまく制御し，冷房を使用せずに冷涼に保つ

　②冷房使用時の冷房負荷を最小限にとどめる

　ここで，**冷房負荷**とはクーラーなどの冷房機器が除去する室内の熱量のことである。地球規模の環境の側面から考えれば，②は省エネルギー，省CO_2につながる計画の大原則でもある。図10-2に示すように，①と②のどちらのケースも，まず，

　a）日射を遮へいする

ことが必須となる。住まいの最大の熱源である日射の侵入を断つことが，室温を上昇させないための大前提になる。そのうえで，

　ケース①：b）室内にたまった熱や湿気は速やかに屋外へ排除する

　　　　　　c）積極的に建物を冷却する

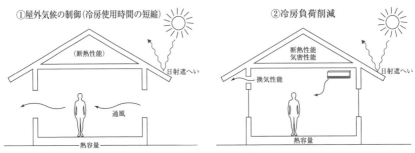

①屋外気候の制御(冷房使用時間の短縮)

(断熱性能)

日射遮へい

通風

熱容量

②冷房負荷削減

断熱性能
気密性能

換気性能

日射遮へい

熱容量

図10−2　涼しい住まいの基本的な考え方[1]

　このため，夜間から朝方にかけて冷えた外気を室内に導入して排熱と蓄冷を同時に行うナイトパージや，地中熱を利用する手法，蒸発冷却効果を使ってクーリングする手法がある。

　一方で，エアコン使用が前提の②のケースは，冷房で冷やした室内に気温の高い屋外から熱が侵入しないように，建物が断熱されていることが重要である（図10−2）。また，室内にたまった熱や湿気を排除するために，通風のように大量の外気を導入すれば，暑くて湿度の高い外気の熱や湿気を除去するために，冷房負荷がさらに増大する。このため，冷房使用時には冬季の暖房時と同様の考え方で（第11章参照），必要最低限の換気量を確保するための換気はするが，それ以外の漏気は防ぎ，気密に保たれているほうが冷房負荷は小さくなる。また，換気扇の代わりに，全熱交換器を用いて室内に導入する外気の温湿度の状態を室内のそれに近づけて，冷房負荷を下げることも工夫の一つになる。すなわち，次の工夫として整理される。

　ケース②：ｄ）外皮（壁・屋根・窓など）の断熱性を高める

　　　　　　ｅ）適度な換気量を確保しつつ気密性を高める

　ケース①においても，断熱して外壁からの熱の過度な侵入を防ぐことは重要である。

（3）パッシブクーリング

　以上の基本原則と手法について，文献[3],[4]に基づき再整理したものを表10-1に示す。前述のように，夏季は室内に侵入する熱（日射熱）を徹底して入れず，それでも侵入する熱や室内で発生する熱は除去し，より積極的に冷却することが基本原則となる。改めて，①の対策として，日射遮へいや涼風を取り込む等，建物の工夫や計画によって，自然エネルギーを適切に調整しながら室内の温熱的な快適性を得ることがあげら

表10-1　涼しい住まいの基本と具体的手法[3],[4]

基本原則	手法の分類	具体的手法の例
侵入熱の最小化（発生熱の最小化）	外構の微気候調整	植栽計画
	照り返しの防止	遮熱性舗装
	日射の遮へい	外付けルーバー・簾　軒・庇・ベランダ
	屋根・壁の断熱	壁面緑化・緑のカーテン
		置き屋根
放熱の促進	室内熱の速やかな排出	屋根緑化・覆土屋根
		屋根散水
	蒸発潜熱による冷却効果の促進	ダブルスキン
		ソーラーチムニー
	夜間放射による冷却効果の促進	通風計画（水平・鉛直方向）
		採風塔
冷気の導入	冷放射の利用	夜間換気
	冷気・涼風の導入	床下冷気の導入
蓄冷		クールチューブ・クールヒートトレンチ
	大地への熱吸収	地中住居・地下室　土間床
	蓄冷部材・蓄冷槽	ルーフポンド

れる。ケース②は表10-1に示すように，日射遮へいや断熱等，外部から流入する熱量を削減することのほか，室内に蓄積した熱を夜間換気によって除去すること等，①の対策と共通項が多い。この共通項をここではパッシブクーリングと称する。

　ここで，第3章で述べたように，室内気候を快適に維持するために，電気的・機械的な設備機器を用いず，太陽や風などの自然エネルギーを建物自体で制御し室内の温熱環境や光環境を調整する方法をパッシブシステムという。特に，夏に涼を得る場合にパッシブクーリングという。パッシブ（passive）とは「受け身の，外的影響を受ける」という意味であり，室内環境は天候の影響に受け身のため，これに応じて居住者が積極的に室内環境を調整することが求められる。

2. 日射遮へい

(1) 太陽放射の特徴[1]

　日射遮へいの工夫をみる前に，遮へい対象となる太陽放射の特徴を理解しておくと，工夫を理解しやすいはずである。冬の暖かい住まいでは逆に室内に取り入れたいのが太陽放射でもある。ここでは，その特徴をみていく。

　まず，地表面を構成する材料や空間形態の違いによって，そこに特有の気候（微気候と呼ばれる）が形成されるが，それは主に地上に降り注ぐ太陽放射の熱収支によって決まる。そこで，図10-3に太陽放射の熱収支の概念図を示す。太陽から放射されたエネルギーは，大気圏を通過して地上に到達するまでに量的にも質的にも変容する。質でみていくと，大気中を通過して地上に到達する直達日射，大気中で散乱して地上に降り注ぐ天空日射，大気中の水蒸気によって吸収され，大気の温度に応じて再放射される大気放射に分けられる。建物周辺に目を向けると，

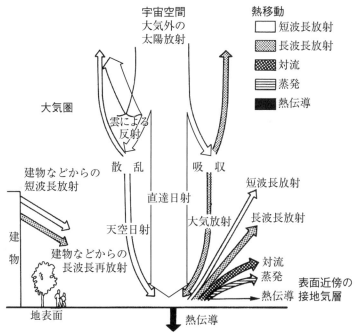

図10－3　太陽放射の熱収支メカニズム[1]

　周辺の地物からの大気放射と，温まった地物からの再放射も受ける。

　直達日射と天空日射は0.3μm から数μm までの波長を含む。紫外線，可視光線，近赤外線，中間赤外線を含み短波長放射と呼ばれ，冬は室内や建物を温めるありがたい熱源といえるが，夏は最も避けたい熱源ということになる。一方，大気放射は10μm 前後の遠赤外線で長波長放射と呼ばれる。これは，地表面の熱収支の中では，地上からの再放射とともに重要な役割を果たしている。

　地上や建物に入射した太陽放射は，一部はそのまま反射する。その他は吸収されて，その対象物を温める。そして，表面近傍の空気との対流

により，また，対象物の表面温度と放射率に見合った再放射のエネルギーとして放出され，残りは地中に伝導で伝わる。水辺や地面に保水された水分の蒸発の潜熱としても使われる。ここで，短波長放射の吸収量を決めるのは，地表面や建物の屋根，壁などの日射吸収率である。建物の表面材料の種類によって，室内に伝わる熱量が変わるということである。

（2）季節による日射量の違い

　前述の直達日射と天空日射を併せて全天日射と呼ぶが，これにより建物は直接的に温められる。特に直達日射量は天空日射量に比べて極めて大きいため，夏季は避けるべきものになる。ただし，昼光照明の安定した光源として，一般的には天空日射を活用するため，天空日射までカットするという発想にはならない。

　ここでは，室温上昇に最も影響が大きい直達日射量の季節・時間による違いをみる。図10−4は，東京の各季節において，建物の各方位の鉛直面（壁）および水平面（屋上面）に入射する直達日射量を示したものである。図10−5に示すとおり，東京では夏至の南中時に太陽高度が78°に達するため，建物の真上に近い位置から日射は降り注ぐ。このため，夏至には水平面の直達日射量が最も大きいことが図10−4から分かる。このとき，南側の壁面の真横から入射する日射量は冬至の約3分の1である。このため，夏季に南に面する開口部からの日射を遮へいするためには，まず建物上部から降り注ぐ日射をカットするための軒や庇が有効であることが想像されよう。朝，夕の太陽高度が低い時間帯は，東西の鉛直面に受ける日射量が大きいことが分かる。東西面については，ソトに樹木や外付けルーバー，簾など，開口部や壁面と平行に遮へい物を設置することが有効であることが理解できるはずである。

　近年では春や秋が短くなり，季節の変わり目が分かりにくくなってい

るが，春や秋といった中間季は日中を通して各方位から日射が入りやすくなるため，住宅の断熱性能が増すと，窓を通して住宅内に侵入する日射熱で室内が温まりすぎることがある。エアコンを一年中使う生活になりかねない。居住者が屋外気候を感じながら，窓の開放をして放熱するなど心地よい住まいに変えていく気づきも大切である。

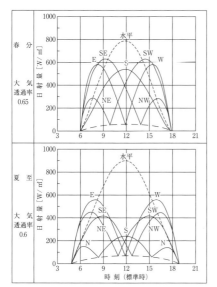
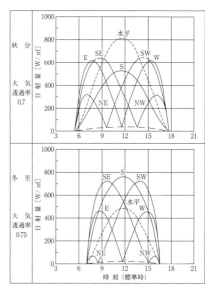

図10－4　建物各面に入射する直達日射量（東京，緯度35.7°，経度139.8°）[5]
＜出典＞日本建築学会編『建築設計資料集成Ⅰ　環境』（丸善，1978年）

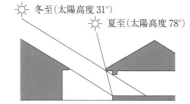

図10－5　夏至および冬至の日射の入射

（3）日射遮へいの工夫

　日射遮へいというときの日射は，直達日射や天空日射，それらの地面や周辺地物からの照り返し（反射日射）も対象としている。また，日射遮へいの原則は，開口部と屋根のいずれにおいても建物の外側で遮ることである。図10-6の中央に示すように，室内側に遮へい物を設置した場合，建物に入射する日射量のうち5割が室内に入射し，遮へい物そのものを温めることにつながってしまう。外側で遮へいすることでその影響は2割まで削減される。冷房を使うことが前提の場合，冷房負荷にも大きな影響を及ぼすことになる。

　表10-2に日射遮へいも含めた調整方法を示す。「基本的な工夫」には立地の重要性が示唆される。夏だけを考えれば，隣接する建物が迫っていれば室内に入射する日射量は減少するが，昼光を得る観点や，中間季の日照，冬の日射熱の取得という観点からは不利になる。基本的には日照が得られる立地において，「④地勢・環境の利用」とあるように，例えば庭の落葉樹によって夏の日射を遮へいし，冬は落葉して昼光や日射熱を得られるほうが，年間を通して環境調整の面では合理的である。また，第3章のソーラータウン府中の家のように，窓からの景観という観点からも，樹木で日射を調整するということは住まいにとって重要な選択肢であろう。図10-7，10-8のように，さまざまな遮へいの工夫がある。放送教材と併せて特徴を確認されたい。

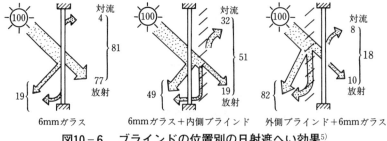

図10-6　ブラインドの位置別の日射遮へい効果[5)]

表10‐2　日射の調整方法[6]

基本的な工夫	建物と一体的な工夫
①方位・緯度の分析 ②建物の形態 ③窓の位置 ④地勢・環境の利用	①庇 ②軒 ③バルコニー ④ルーバー ⑤フィン ⑥格子 ⑦ブリーズソレイユ ⑧仕切板
材料的な工夫	**装置的な工夫**
①すりガラス ②拡散ガラス ③吸熱ガラス ④反射ガラス ⑤ Low-E ガラス ⑥ガラスブロック ⑦大理石 ⑧紙 ⑨布	①パーゴラ ②テント、オーニング ③外付ブラインド ④すだれ、葦簀 ⑤鎧戸 ⑥ベネシャンブラインド ⑦障子、カーテン ⑧エアフローウィンドウ ⑨ダブルスキン

(出典：日本建築学会編『建築設計資料集成―環境』丸善、2007 より作成)

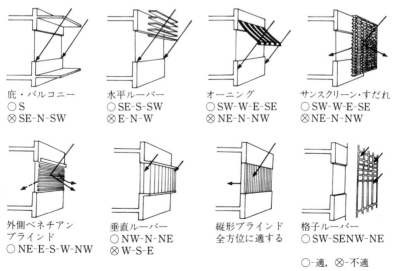

庇・バルコニー ○ S ⊗ SE-N-SW	水平ルーバー ○ SE-S-SW ⊗ E-N-W
オーニング ○ SW-W-E-SE ⊗ NE-N-NW	サンスクリーン・すだれ ○ SW-W-E-SE ⊗ NE-N-NW
外側ベネチアン ブラインド ○ NE-E-S-W-NW	垂直ルーバー ○ NW-N-NE ⊗ W-S-E
縦形ブラインド 全方位に適する	格子ルーバー ○ SW-SENW-NE

○-適，⊗-不適

図10‐7　窓の付属物による日射遮へいの工夫[5]

図10-8　日射遮へいの工夫
（左）ル・コルビュジエのブリーズ・ソレイユ[1]（Photo: Sanyam Bahga）
（右）バルコニーに日射・日照調整用のルーバーが設置されている

3. 排熱計画

　都市のヒートアイランド現象や地球温暖化によって，夏季の気温上昇は著しくなり，本章コラムでも述べるように室内での熱中症も問題になるほどである。猛暑における通風はかえって健康被害を招くほどである。体表面温度よりも高い外気温のときに通風することは命取りにもなる。もちろん，涼やかな風が吹くときには，窓を開放し通風で涼を得る，そのような自然に親しむ暮らしも忘れてはならない。

　通風については，すでに第7章で基本を学んだ。排熱しやすい住まいの工夫ということは，通風輪道が確保された平面計画，断面計画ということにつきる。高温多湿な地域では，第5章のヴァナキュラーな住まいにみられた通風塔のように，夕方から吹く涼風を積極的にとらえやすい形状の塔が住宅の外形を成し，その地域ならではの気候景観を形成するものもある。前述のように，ここでは，居住者が健康を損なわない環境下で通風することを前提に話を進める。

（1）通風

　通風計画については第7章で解説したが，ここでは事例で振り返って
ほしい。図10−9は夏のみ使われる海の家と呼ばれる住宅である。外構
の植栽や打ち水によって創出した比較的冷涼な空気（涼風）を，地窓や
地袋部分やデッキを活用して鉛直方向に取り込む計画である。シーズン
中は，北側の押入れの下の大和張りの板壁の隙間と竹すのこ敷きを通っ
て，涼風が2階室内に抜ける仕組みとなっている。使用していない季節
にも，戸締まりしたまま通風できるように工夫されたつくりである。

　また，第3章のソーラータウン府中の家では，住戸をずらし敷地内の
通風輪道を各戸に導いただけでなく，敷地内の園路が植栽で日陰にな
り，蒸発冷却効果によりさらに冷やされることで，涼風が生み出せるよ
うな敷地の工夫がなされていた。室内排熱だけでなく，涼風をつくると
いう工夫も併せて必要になる。

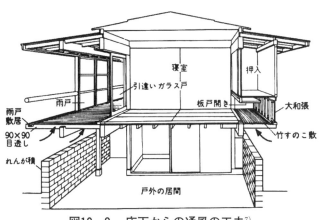

図10−9　床下からの通風の工夫[7]
＜図版提供＞林雅子資料室

（2）夜間換気

　排熱計画の中でも，特に夜の冷涼な外気を取り込むことで，建物内部に蓄積された熱を除去し，朝方の室温上昇を抑える手法を夜間換気またはナイトパージという。雨仕舞いや防犯に配慮された開口部を設けることで対応できるため，オフィスや学校など建物用途を問わず採用されている。日中，高温な外気も，夕方から朝方にかけては温度が降下する。この冷えた外気を取り込んで室内を直接冷やしたり，さらに，建物部位に蓄冷し翌日にこの冷熱を持ち込もうとする方法である。図10－10は，RC造の集合住宅におけるナイトパージの効果が実測で示されたもので，23時～7時の窓開けにより約2～3度の室温低減効果がみられる[8]。この報告では，熱負荷シミュレーションにより，夏季に約3割のエアコンの消費電力削減も確認された。

　ヒートアイランド現象の顕著な大都市では，真夏の夜間に外気温が25℃以下に下がらない，いわゆる熱帯夜が続く。この時期に夜間換気の積極的な利用は難しいが，初夏や残暑，中間季には十分利用可能である。気温の日較差が大きく夜間の気温降下が大きい山間地をはじめ，日本においてもかなりの地域で効果が期待できよう。一般には大気放射冷

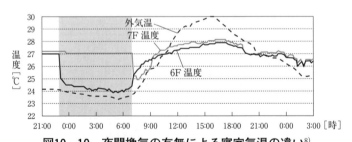

図10-10　夜間換気の有無による寝室気温の違い[8]
夜間換気最低気温23.4℃の場合
6Fは夜間換気あり，7Fは夜間換気なしのときの寝室の気温

却や蒸発冷却効果が利用できる地域ほど，気温の日較差は大きく，夜間換気が有効である。自然の力によって外気を取り込むためには，気温の日変化のみならず，夜間の風向，風速分布に関するデータも入手しておきたい。

　ここでは，温熱環境を中心に涼しく快適な住まいについてみてきたが，断熱・気密性能だけを向上させた住宅でオールシーズン，エアコンに頼り，出かけるときに初めて天気を知るような生活が真に環境に配慮したライフスタイルを生み出せるかということについては考えなければならない。都市部では，屋外気候・社会環境・ライフスタイルなどの点から，常に窓を開けられる環境ではないケースがほとんどではないだろうか。朝夕，窓を開けて風鈴の音を楽しむ，打ち水や植栽への水遣りを楽しむなど，ソトに関心を向ける住まい方は，生活を楽しむというだけでなく，環境に負荷をかけない暮らし方にもつながっていくのではないだろうか。

コラム　室内における熱中症

　蒸し暑い環境下で人体の体温調節機能がうまく働かなくなると，ほてりや筋肉のけいれん，頭痛や吐き気などさまざまな障害を発症し，重度の場合は死に至ることもある。近年，都市の高温化や私たちの体温調節機能の衰え等から熱中症が増加しているといわれ，天気予報でも注意喚起がなされるようになった。炎天下で激しい運動を伴う場合に注意が必要であるが，最近では，体温調節機能が十分でない高齢者や乳幼児などの室内での熱中症が問題となっている。図10－11は春から秋にかけての熱中症による救急搬送の人数と，暑熱環境指標であるWBGTの値である。WBGTは湿球黒球温度（Wet-Bulb Globe Temperature Index）のことで，人体の熱収支に影響を及ぼす環境側の要素として，気温，湿度，放射を考慮した指標である。日本生気象学会「日常生活における熱中症予防指針Ver.3」など複数の組織から指針が出され，屋外での労働やスポーツ時だけでなく，室内での日常生活時に発生する熱中症予防の目安となっている。同図から，WBGTの高い高温多湿となる夏季に搬送人数が多くなることが分かる。近年の夏季の高温化を踏まえると，健康を害することのないよう，窓を開ける前に外気温を確かめる新たな生活習慣が求められる。

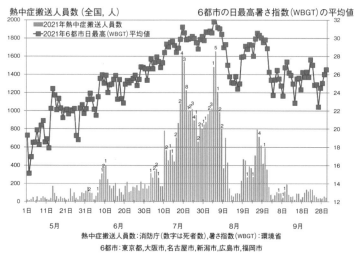

熱中症搬送人員数：消防庁（数字は死者数），暑さ指数（WBGT）：環境省
6都市：東京都，大阪市，名古屋市，新潟市，広島市，福岡市

図10－11　救急搬送者数とWBGTの関係
＜出典＞環境省ホームページ

🎸 研究課題

　表10－1に示された夏の涼しい住まいの具体的手法について，本章で扱っていない手法を3つ選んで，どのような仕組みなのか，事例に基づいて調べてみよう。

引用・参考文献 ▌

1）梅干野晃・田中稲子『住まいの環境デザイン』放送大学教育振興会，2018年
2）大野秀夫・堀越哲美・久野覚・土川忠浩・松原斎樹・伊藤尚寛『快適環境の科学』朝倉書店，1993年，p.152
3）彰国社編『自然エネルギー利用のためのパッシブ建築設計手法事典』彰国社，2008年，p.5，p.66
4）梅干野晃『都市・建築の環境設計』数理工学社，2012年，pp.192-193
5）日本建築学会編『建築設計資料集成1環境』丸善，1978年，p.105，p.125
6）堀越哲美・石井仁・宇野勇治・垣鍔直・兼子朋也・藏澄美仁・長野和雄・橋本剛・山岸明浩・渡邊慎一『建築学テキスト　建築環境工学』学芸出版社，2009年，p.38
7）彰国社編『光・熱・音・水・空気のデザイン』彰国社，1996年，p.146
8）廣瀬拓哉・岩嶋洋平・清瀬英人・唐津淳・高口洋人ほか「夏季の外断熱集合住宅における快適性とその省エネルギー効果に関する研究　その2　夜間換気」『日本建築学会大会学術講演梗概集』2009年，pp.399-400

11 | 快適な住まいと住まい方 Ⅱ
─冬季─

田中稲子, 谷口　新

《**目標＆ポイント**》　冬に室内で快適に過ごすために，第6章から第9章まで
に学んだ温熱・空気・光・音の環境をどのように計画すべきなのか，温熱環
境の課題を中心に学ぶ。日照時間の短くなる冬は，採光が十分に得られ，太
陽の熱をうまく室内に取り込み，室内の熱を逃がしにくい住宅のつくり，夜
のために熱を蓄えておけるつくりであることが望ましい。また，これらの住
宅のつくりを活かすように，居住者も着衣の工夫やカーテンの開閉など適切
な環境調整行動が求められる。第3章の事例を振り返りながら考えてほしい。
《**キーワード**》　換気，外皮の断熱性，気密性，日射熱取得，蓄熱性，熱伝導
率，コールドドラフト，熱容量，パッシブヒーティング，ダイレクトヒート
ゲイン

1. 暖かい住まいの基本的な考え方

（1）住宅の寒さはどこから来るのか

　日本の家は寒いといわれてきたが，その要因は何だろうか。冬になれ
ば日だまりやこたつが恋しくなり，エアコンだと足元が冷えて電気カー
ペットに頼ったり，靴下を二重にしたりと，さまざまな工夫を凝らして
暮らしている。部屋の寒さはどこから来るのかと考えがちだが，実際に
は室内から熱が奪われている。

　図11-1に，冬の暖房時に室内から屋外へ逃げる熱の割合を示す。第
6章で述べたように，熱には伝導・対流・放射という3つの移動形態が

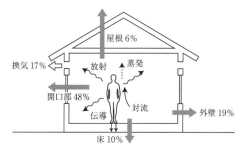

注：1992年の省エネルギー基準に準ずるモデルの例
図11-1　冬の室内の熱の流出経路と流出割合[1]

ある。エアコンに用いられるヒートポンプなどのように外部からエネル
ギーを加えない限り，自然の状態では温度の高いところから低いところ
へ熱が移動する。図11-1の住宅モデルの場合，壁や床・天井を伝わっ
て，室内から屋外へ35%の割合の熱が流出している。また，窓からは48%
もの熱が流出する。住宅の壁や天井から熱が逃げない工夫（断熱）も重
要であるが，窓からの熱の流出を極力減らすことが重要だと理解できる
だろう。断熱されていない窓の近くで冷えを感じるのは，日本に暮らす
たいていの方が経験することだろう。冷えた窓面に対して，人体表面か
ら放射で熱が移動することで生じる体感である。また，**換気**で17%の熱
が住宅から逃げるが，第7章で学んだように，室内に酸素を供給し，室
内の空気質を清浄に保つためには，必要最低限の換気量を確保すること
は不可欠である。

（2）暖かい住まいの基本

　建物の壁や床，屋根，窓など室内空間を取り囲む部位を，外皮という
言い方をする。居住者の皮膚が第一の皮膚だとすれば，着衣は第二の皮
膚，住宅の外皮は第三の皮膚ということになる。自身の寒さ対策から拡

張して住宅の寒さ対策を考えると，熱を逃がさない工夫を理解しやすくなる。

　冬になれば私たちは経験的に着衣を重ね，空気層を多く含むセーターやダウンで体の熱が奪われないように工夫しているが，第三の皮膚である住宅外皮に対しても，寒さ対策はほぼ同様の考え方となる。すなわち，冬，暖かい住まいをつくるには，室内の熱が逃げないようにすることが第一に必要となる。また，屋外にある最大の熱源といえば太陽である。太陽の熱を最大限に室内に取り込み，ためられる工夫が求められる。整理すると，以下の6点が暖かい住まいの基本といえよう。

　a）**外皮の断熱性**を高める

　b）**気密性**を高める

　c）**日射熱取得**を高める

　d）**蓄熱性**を適度に有する

　e）適切に暖房する

　f）住まい方を工夫する

　a）〜d）までを住宅の熱性能だと考え，これでも寒い場合は適切な暖房を行う。このとき第7章で学んだように，必要最低限の換気量を確保すべきことは言うまでもない。さらに，居住者の住まい方も重要である。日中はカーテンを開けて日射熱を室内に取り込みやすくするとともに，日照時間の短い冬季に採光を十分に得るということは，第4章で述べた人間のサーカディアンリズムを乱さないためにも必要な行為であろ

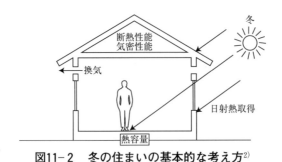

図11-2　冬の住まいの基本的な考え方[2]

う。もちろん，窓からのぞく冬景色を楽しむ余裕も，心地よい住まいに欠かせないものである。熱に話を戻すと，夜間は室内の熱が開口部を通して屋外へ逃げにくくするとともに人体から放射で奪われる熱を減らすため，カーテンを閉めることも必要になる。また，着衣量を調節するなど，冬の気候に適応した住まい方をすることが肝要である。次にa）～d）の住宅の熱性能について解説するが，住宅性能任せにしない暮らしが，季節感やそれに伴う情緒など，人間らしい豊かな生活を創出しているのではないか。

2．断熱性

（1）断熱性の向上とは

　外皮の断熱性を高めることによって，壁や天井，開口部など屋外に面する部位からの熱損失を減らすことができる。室内から逃げる熱を補うための熱源として暖房設備が必要となる場合も，温室効果ガスの低減を考慮すれば，暖房エネルギーへの依存度を少なくし，室内で利用できる熱を有効に活用することは重要である。比較的温暖な地域では，熱的に室内と屋外を明確に区別する発想が乏しいが，寒冷地では室内と屋外の気温や水蒸気圧に大差があり，しかも温度差に伴う気圧差も大きくなるので，熱的なウチとソトとの区別（断熱層，防湿層，気密層）が熱環境の設計計画上重要になる。

　第6章で述べたように，住宅の断熱性能を高めるということは，外壁や開口部などの外皮に，**熱伝導率** λ [W/(m・K)] が極めて低い材料を用いることにほぼ等しい。表11-1に主な建築材料の熱伝導率を示す。空気を多く含むグラスウール保温板や押出発泡ポリスチレンフォーム（図11-3参照）の熱伝導率が，合板などと比べても1桁低いことが分かる。ただし，熱伝導率は材料の厚さ当たりの値であるため，熱伝導率

が高い材料であっても材料厚さが十分あれば，熱を伝えにくい能力は高まることになる（第6章参照）。

表11-1　建築材料と熱物性値[3),4)]

	材　料	熱伝導率 λ [W/(m·K)]	密度 ρ [kg/m³]	比熱 c [kJ/(kg·K)]
金属・ガラス	鋼材	45	7860	0.48
	板ガラス	0.78	2540	0.77
木材・木質材	杉（含水率0％）	0.069	300	1.3
	合板	0.15	550	1.3
セメント	PCコンクリート	1.3	2400	0.79
	モルタル	1.3	2000	0.8
断熱材	グラスウール保温板　10K（繊維系）	0.051	10	0.84
	押出発泡ポリスチレンフォーム（プラスチック系）	0.037	28	1.0〜1.5
その他	水	0.6	998	4.2
	空気	0.022	1.3	1

（a）断熱材
上：グラスウール
下：押出ポリスチレンフォーム

（b）外壁に敷設された断熱材
（ソーラータウン府中の家）[5)]

図11-3　断熱材と敷設の様子

（2）断熱性向上の効果

　外皮の断熱性能に適切な気密性も確保することで，次のような効果が得られる。

　a）室内の上下温度分布の緩和

　b）**コールドドラフトの防止**

　c）冷放射の防止

　d）結露の防止

　e）**暖房のエネルギーの低減**

　a）〜c）までは，室内の温熱環境の快適性を向上させる効果である。冬を想定すると，断熱性が高まることで室内側の表面温度が上昇する（図11-4）。これによって室内の上下温度分布が緩和される。図11-5は第3章で紹介した事例の室内の様子である。図11-3に示したように，断熱材は外壁の内部に設置されるため，室内側からは見えない。開口部は複層ガラス樹脂サッシが用いられている。12月に撮影した熱画像（口絵7）を見ると，室内は均一な温度分布となっており，暖房方式の影響もあるが，断熱性の高い住宅であることがうかがえる。

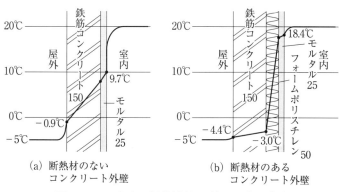

図11-4　外壁の断熱性能と断面温度分布[6]

9時半より集熱開始。外気温15℃。一
部窓が開いた状況で床温度18℃。均質
な温度分布となっている（2015年12月
12日10時撮影）

図11-5　断熱性の高い住宅の室内の熱画像[7]（右熱画像：口絵7参照）

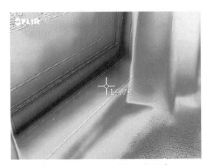

図11-6　窓まわりのコールドドラフト（右熱画像：口絵8参照）

　b）のコールドドラフトとは，断熱されていない窓や外壁表面などで
室内の空気が冷やされ，下降冷気流が生じる現象である。窓の断熱性が
低い住宅が多いため，窓からの隙間風と誤解するほどの冷たい気流を感
じた経験はないだろうか。冷放射と同様，温熱的な不快感につながるた
め，冬の室内では防ぐべき現象である。新築または改修時に，第3章の
住まいの事例のように外皮を断熱することでコールドドラフトは防げ

る。既存住宅で窓や壁の断熱性能が低い場合は，コールドドラフトによる不快感を緩和するために裾の長い厚地のカーテンを用いると，冷気流をせき止め，室内の放射環境を改善する効果もある（図11-6）。

3．気密性

　近年の住宅はサッシ性能が上がり，施工技術も向上しており，隙間風を感じる経験自体が減っているかもしれない。室内空気を清浄に保つための必要な換気量を確保することを前提として，建物の隙間から室内の暖かい空気が逃げず，冷気の進入を防ぐ工夫は，快適性および冷暖房エネルギーの低減のために必要である。気密性については，第7章第2節の（3）も確認してほしい。冬季は不要な隙間はできるだけなくし，熱の流出を抑え，建物の適度な気密化を図る必要がある。

　表11-2は，住宅の気密性能グレードと測定例である。グレードの下行のαAは，相当隙間面積に該当する値である。住宅の床面積当たりの隙間面積になる。これが小さいほど住宅に隙間が少なく，漏気による熱の逃げが少ないことを意味する。高緯度の地域では，日本に比べ気密性の高い住宅が存在することが分かる。1999（平成11）年の住宅の省エネルギー基準における相当隙間面積は，北海道や北東北は2.0cm²/m²であったが，それ以南の地域は5.0cm²/m²というように，寒さが厳しい地域に，より隙間の小さい住宅が推奨されていたということである。

　しかし，気密性能が高くなるに従って，隙間の多い伝統的な家屋では考えられなかった結露，カビやダニの発生，室内空気汚染物質によるシックハウス症候群，材料の腐食などの問題が生じてきた。第7章コラムで述べたように，現在は建築基準法でシックハウス対策を図ることが義務づけられている。

表11-2　住宅全体の気密性能グレード表[8)]

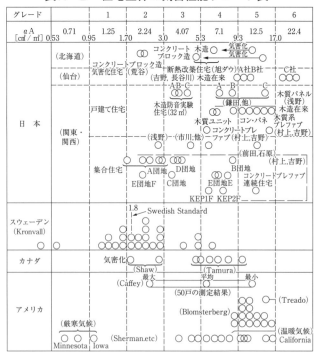

4. 日射熱の活用

（1）冬の日射利用

　居住者の健康的で熱的に快適な状態を維持しようとすれば，暖房など
の設備機器に頼ることも時には必要である。しかし，それ以前に日射熱
を，開口部を通して室内に導き，建物の床や壁などの材料に蓄熱し，室
内のベースの暖かさを維持することが建物の熱性能として求められる。
第4章で日照時間の特徴をみたが，冬に晴天が続くような地域では，日
射熱は非常に有益な熱源となるので積極的に活用したい。

　図11-7に日本の太陽軌道の概念図を示す。観測点に住宅があると考えてほしい。夏季は住宅のほぼ真上から日射が降り注ぐが，冬季は太陽高度が低くなり，南向きの窓から存分に日差しが降り注ぐ。第3章の事例では，空気集熱式ソーラーシステムで換気も兼ねた太陽熱利用の暖房システムが導入されていたが，この住宅は南向きに大きな開口部も設けられていた。眺望や採光面でのメリットだけでなく，冬は日差しを取り入れやすく，窓際の日だまりも相まって暖かなリビングが創出されていた。図11-8に住宅の各方位の壁面が1日に日射から受ける総受熱量を示す。冬至と書かれた線を見ると，南側の壁面の受熱量が他の壁面に比べて圧倒的に多いことが分かる。開口部をできるだけ大きく設けることが得策であることに気づくはずである。対して夏至の南側壁面は，5分の1以下の受熱量にとどまる。冬季に室内に取り込んだ日射熱は，建物の断熱性，以下に述べる蓄熱性のある住宅であれば，さらに長く熱を室内に保持することが可能となる。

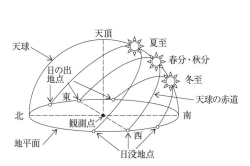

図11-7　天球上の太陽の動き[3]

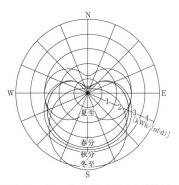

図11-8　各方位の壁面が受ける1日の総受熱量[4]

（2）住まいの蓄熱性

　建物に蓄熱性をもたせることは，日中室内に取り込んだ日射熱を蓄熱し，間欠暖房を行う場合にも，室温を安定した状態に保つうえで効果がある。普段，住宅の蓄熱性について考える機会は少ないだろう。

　蓄熱性は，住宅に用いる材料の熱容量で表現される。1 kgの物体を1℃上昇させるのに必要な熱量である比熱に，材料の密度と体積を掛けた値が**熱容量**［J/K］である。例えば，分厚いコンクリートの壁を温めるには時間がかかるが，冷めるのにも時間がかかる。コンクリートの土間が南側に配置されていれば熱容量が大きいため，冬は日中に時間をかけて日射熱で温められる。夜になり日が沈んでもじわじわと時間をかけ

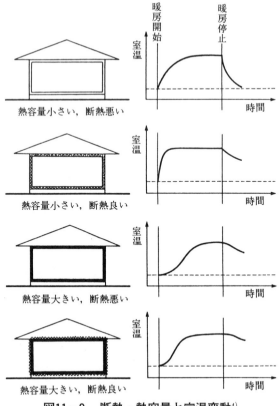

図11-9　断熱・熱容量と室温変動[4]

て室内に熱を放出する。これが熱容量を住宅に用いるうまみである。

　ここで，断熱性および熱容量の異なる4タイプの住宅において，暖房の間欠運転を行った場合の室温変化を見てみよう。図11-9に示すように，断熱性のみよい住宅では，暖房開始後ただちに室温が上昇し，暖房を停止しても冷えにくい。さらに，熱容量があると，その温度変化には時間がかかり，室温グラフは滑らかになることが分かる。すなわち，断熱性が高く熱容量のある住宅では，暖房運転を間欠的に行っても室温変動は小さくてすむ。日没後に急に室内が冷え込むようなことはなく，温熱的にも快適であることが想像できよう。ただし，夏は，熱容量の大きな材料に日射が当たると，夜間まで暑さが続き，冷房をしてもなかなか冷えないということになりかねないため，夏季の日射遮へいの工夫と併せて考えなければならない。

（3）ダイレクトヒートゲイン

　建物の工夫によって太陽熱を取り込み，室内の温熱環境を調整する手法をパッシブヒーティング手法と称する。日射熱をいかに取り込み，室内を温めるか，特に，日中取り込んだ日射熱を蓄熱させて，夜間の室温を維持することが大きな設計目標となる。日射熱を取得する手法の代表的なものに，ダイレクトヒートゲインと呼ばれるものがある。

　これは，開口部から室内に取り込んだ日射熱を室内に蓄熱し，夜にこれを放熱させる最も単純な手法である。日本では従来，南面に大きな開口部を設けることからなじみもよく，最も普及するパッシブ手法の一つである。しかし，いくら開口部を大きくして日射熱を取得しても，畳のように床の熱容量が小さい場合や，断熱・気密性が悪い部屋では，夜まで日射熱を蓄えておくことはできない。日中は室温が上昇しても，日射が当たらなくなると急激に降下してしまう。通常，蓄熱部位には熱容量

の大きなコンクリートの土間床などが使われる。この上にじゅうたんを敷き詰めることは，蓄熱効果を著しく低下させてしまうため，避けなければならない。また，蓄熱された部位から放出された日射熱を屋外に逃さないために，部屋の断熱・気密性を高めることである。特に開口部の断熱性は一般に低いために，複層ガラスにする，また，夜間には断熱戸や雨戸，障子を閉める等の工夫が必要となる。

　パッシブヒーティングにはさまざまなバリエーションがある。日中は居室と縁側などの緩衝空間との間仕切りを開放して使用し，夜間は断熱戸などで仕切り，付設温室の部分を熱的な緩衝として使用している場合が多い。夏季は日射遮へいと同時に通風計画も考慮して，排熱もできる工夫が必須となる。

　冬季の暖かさを中心に快適な住まいの基本をみてきた。改めて第3章の事例を振り返ってほしい。熱的な性能が高い住まいのメリットは，熱的に快適に過ごすことができ，しかも省エネルギー性が高く，光熱費も抑えられるというだけではない。断熱性能の低い既存の住宅は，寒さによる睡眠の質の低下や，居間と浴室等の非居室との急激な温度差により生じるヒートショックなど，健康への影響が指摘されている。また，設備機器に頼らず，建物自身に基本的な温熱環境の調整能力があるということは，災害時にその効果が遺憾なく発揮されるはずである。在宅避難生活をする際にも，最低限の熱源で室温を維持できれば減災効果は高い。蓄電池を備えることも重要であるが，建物の素の性能が重要であることをさまざまな側面からとらえてほしい。

　また，ここでは扱えなかったが，窓の断熱化・気密化は，熱的にみればメリットは大きいが，換気設備が整っていれば窓を開ける行為を忘れがちになるだろう。窓サッシの気密性が高ければ屋外からの音の漏れも

少なくなるため，雨が降っている感覚や，鳥のさえずりが聴こえて春が
そこまで来ているといった実感を，日常的に感じることがなくなってい
るかもしれない。春先の風通しだけで気持ちよい室温になる日に，窓を
閉めてエアコンをつけている住まいもあるのではないか。あえて植栽の
世話など，バルコニーや庭へ出る口実が必要かもしれない。自然や気候
に応答する人間本来の生態が奪われないよう，生活したいものである。

🎸 研究課題

　自宅において冬の暖かさに問題がないか点検してみよう。このとき，
日常の動線のなかで寒い場所をリストアップすると分かりやすい。これ
らの寒さの要因を考え，改善策を検討してみよう。

引用・参考文献

1）全国地球温暖化防止活動推進センター編「省エネ住宅ファクトシートⅢ 開口
部」2007年
2）梅干野晁・田中稲子『住まいの環境デザイン』放送大学教育振興会，2018年，
pp. 194-209
3）上野佳奈子・鍵直樹・白石靖幸・高口洋人・中野淳太・望月悦子『しくみがわ
かる建築環境工学』彰国社，2016年，p.22，p.106
4）日本建築学会編『建築設計資料集成Ⅰ　環境』丸善，1978年，p.105，p.131
5）特別記事「真に長持ちする住宅とは　ソーラータウン府中」『住宅建築』No.438，
2013年4月号，p.55
6）梅干野晁『住まいの環境学』放送大学教育振興会，1995年，p.197
7）野沢正光『野沢正光の建築　詳細図面に学ぶサスティナブルな建築のつくりか
た』X-Knowledge，2021年，p.126
8）紀谷文樹編『建築環境設備学　新訂版』彰国社，2003年

12 | 住まいの環境計画と緩衝空間

谷口　新

《**目標＆ポイント**》　対立することや矛盾することは世の中に多く存在している。住まいにおいても対立する事項は数多くあり，計画する際には一つひとつ検討し，取捨選択するか，何か新たなアイデアを見いだすか，一から考え直すか，その対応はさまざまである。空間的な工夫で解決できることも少なくない。例えば縁側は，屋外のようでもあり，室内のようでもある空間である。縁側と庇のセットは夏の日差しを遮り，冬に日光を入れるとサンルームのような暖かい空間になる。このように縁側には，緩衝空間として室内と屋外の環境を調整する機能がある。縁側自体は近年なかなかつくられないが，緩衝空間という概念は今後も重要である。やや難しいが，まずは，中庭の特徴と意義を再確認するきっかけとしてもらいたい。

《**キーワード**》　共用空間，緩衝空間，半屋外空間，縁側，敷地，庭，中庭，コートハウス，テリトリー，必要活動，任意活動，環境的側面と社会的側面

1. 住まいの共用空間

（1）日常生活における共用空間

　学校でも職場でも共同で利用する空間を**共用空間**という。街なかにおいては，公園がその代表だろう。

　住まいについては，独立住宅，集合住宅ともに，室内ではトイレ，洗面，浴室を同居する人々で共用する。もちろん玄関も共用する。これらは基本的に用途が限定されている。これらとは違って，居間は多様な使われ方がされている共用空間である。

　少し補足すると，第2章で紹介した51C型の間取りから始まって展開

してきた nLDK という表記は，不動産広告などに用いられ，全国で理解できる住まいの共通言語となった。これは明治期以降に洋風文化が入ってきて，在来住宅批判を経て，これまでの住まいのあり方が大きく変化した流れのなかで誕生したものである。適正就寝の考えが私室確保の根拠となって，「公私室型住宅」ともいわれる。私室に対して"公室"の部分は主に居間が相当する。

　集合住宅においては，玄関を一歩出ると，廊下，階段室，エントランスロビー，エレベーターホール，物件によっては集会室などの共用空間がある。戸外では，独立住宅の庭，集合住宅の住棟まわりが入居者全員の共用空間となる。

（2）共用空間の中の緩衝空間

　共用空間の中には，用途がはっきりしているものと多様な使われ方をするものがあり，本章では後者に着目したい。「緩衝」という言葉は，「対立している物などの間にあって，衝突や不和などを和らげること。また，そのもの」（「デジタル大辞泉」）と説明されている。信号機の青が赤に変わる前に黄があることにも，緩衝的な意味合いが読み取れる。

　さて，建築の場合の対立では，「室内と屋外」（内と外），「公と私」がよく知られている。2つの空間（空間Aと空間B）の間に別の空間Cが配置されると，**緩衝空間**になりうる。例えば，小学校の教室（＝空間A）と廊下（＝空間B）の間に前室（＝空間C）があれば，その前室は緩衝空間となる。この場合は生徒の動きとして静と動があることから，静穏な環境を必要とする教室に対して，「静と動」の中間的な緩衝空間としての存在意義がある。

　緩衝空間とは，内と外，公と私など，概念として対立するものの間にあって，緩やかに連続性をもたせる空間であると考えられる。

（3）半屋外空間としての縁側

　室内のようでもあり屋外のようでもある空間を，建築分野では「半屋外空間」ということが多い。その代表例として，日本の伝統的住宅のイメージによく表れる**縁側**があげられる。

　竪穴住居，平地住居，高床式とも，屋根の下の空間は閉じたワンルームで，まだ縁側は存在していない。そこから空間に変化が確認できる奈良時代の住宅建築遺構として，第2章で「法隆寺伝法堂前身建物」を紹

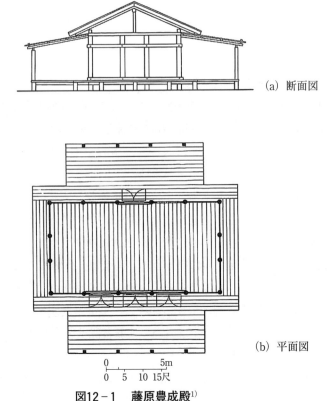

(a) 断面図

(b) 平面図

図12-1　藤原豊成殿[1]

介した。ここでもう一つ，「正倉院文書」から関野克博士が復原した「藤原豊成殿」について空間構成を確認する（図12-1）。母屋の周囲に縁，そして前後に吹き放ちの広い空間があり，閉鎖的な空間と開放的な空間（＝半屋外空間）の2つの存在が確認できる。残念ながら，どのように使われたかは明らかではない。その後の時代に建具（襖，障子など）が発展し，書院造では，室内の座敷と屋外の日本庭園の間に位置する板敷きの通路が，私たちにもなじみのある縁側となっている。

　この縁側にはいくつかの種類があり，それぞれ呼び方（濡れ縁，落ち縁など）がある。下屋（≒庇）があり，夏は日差しを遮り，冬は建具（例えばガラス戸）を閉めると日が入ってサンルームのようになるものをイメージしていただくとよいだろう。昭和の時代を舞台にした映画やドラマの中で，家族でくつろいだり，靴を脱いで室内に上げずに近所の人と交流したりする場面を思い浮かべるかもしれない。縁側は，外と内（温熱環境面），公と私（コミュニケーション面）の両方を成立させる優れた緩衝空間として存在している。しかし，縁側は庇と庭とセットで存在してきたため，敷地の面積に左右される。庭がとれない近年は，新築でなかなか縁側を見ることができなくなっている。

2．住まいと庭

　第2章で紹介した住まいの変遷では，主に建物としての住宅単体に着目した。日本においては必ず**敷地**と道路の存在を同時にとらえて建築が計画されるが，ここでは道路はいったん脇に置いて，敷地に着目して住まいと**庭**について考えてみる。現代の住まいにおいて，敷地は塀で囲まれていることが一般的である。

（1）古代・中世の庭

　竪穴住居の時代は，集まって集落を形成しているものの，塀の存在は確認できず，人工物で囲まれた現代のように明確ではない。平安時代に貴族の住まいである寝殿造が登場すると，築地塀と呼ばれるもので敷地のラインが明確になったことには第2章で触れた。そのとき，敷地の中で建物以外のスペースが有効に活用されていた。寝殿の南側に極楽浄土を具現化した庭園があり，寝殿と対屋と渡殿で囲まれたスペースには植物が植えられたようである。貴族たちの生活の中心は「儀式」をすることであり，庭で儀式が行われたことをうかがわせる資料もある。さらに時代が進み，「接客」が中心となる武士の住まいは，寝殿造から変化して書院造となる。メインの座敷に面した庭は観賞用になる。旅先で日本庭園を（実際に歩くのではなく）室内から鑑賞されたことのある方も多いと思う。

（2）近代以降の庭

　明治時代に入ると洋風の文化が国内に影響を及ぼし，住まいのあり方も変わってくる。生活改善同盟会（1920年）での議論のなかで，庭について「鑑賞用から実用的な庭へ」と方向づけられた。イメージとしては，子どもが遊ぶ，洗濯物を干すなどである。これは現代にも受け継がれているものの，高密度な都市住宅においては，限られた敷地に建物を建ぺい率の上限まで計画するために，まとまった面積の庭を確保しづらくなっている。集合住宅においては，たとえ敷地内にゆとりがあったとしても，高層になるほど地上へのアクセスが不利になり，庭の存在は物理的にも心理的にも遠くなる。

3．中庭のある住まい

（1）外庭と中庭

　「庭」として多くの人々がイメージするのは，敷地内において，住戸の周囲にまとまった外部空間があるものであろう。これは外庭型の住まいである。日本の都市住宅では一番なじみがあろう。

　それに対して中庭型の住まいも存在する。**中庭**については地域によって意味するところが異なるケースもあるようだが，本章においては「建物に取り込まれた，あるいは建物と塀に囲われた内庭，空地」[2]の意味で考察する。古くは，古代ローマのドムスと呼ばれる住宅に，アトリウム，ペリスタイルと呼ばれる中庭的空間があった。その一例としてパンサの家が有名である（図12-2）。採光の機能とともに，緩衝空間としては街路から近い前者が「公」，後者が「私」の意味合いがあるという。なお，この例では街路に面して貸店舗を設けている。

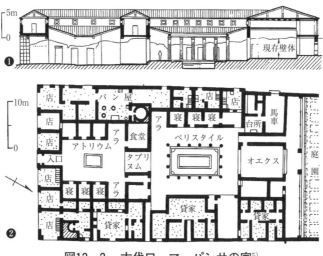

図12-2　古代ローマ　パンサの家[5]

（2）京都の町屋

　日本の伝統的な住宅の三様式は，農家，町屋，武士の住まいである。このうち，敷地に余裕があり，生産の場と住まいが一体的な農家は外庭型である。また，生活の中心に「接客」がある武士の住まいは，座敷に面して観賞用の日本庭園があり，外庭型が一般的である。そして町屋は，限られた規模の敷地に農家や武士の住まいとはやや異なる建て方をする傾向がある。

　一例として，京都の町屋は細長い敷地いっぱいに建てられ，敷地に建物を建てた残りのスペースとしての外庭型とは異なる。動線の機能もある「通り庭」を設け，巧みに中庭を組み込んでいる。この中庭が１つで

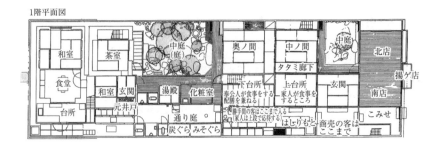

図12−3　京都の町屋（吉田家）[8]

はなく2つ存在することで，住まいの環境面として一層，効果的な仕掛けとなっている。図12-3の町屋は，手前が店，奥が住宅となっている（この図では右が手前，左が奥になる。店の前面は道路に面している）。中庭は2つあり，店と住宅の間，主座敷とさらに奥の空間との間に配置されていて，結界の役割をもつ緩衝空間といえる。この2つの中庭は，日当たり，日陰にそれぞれ特徴があり，特に夏季の通風において効果があるとされている。現代でも日なたと日陰を活用することは，設計の原点として忘れたくないものである。

（3）コートハウス

　併用住宅を除けば，働く場と生活の場の間には地理的な距離があり，通勤するということになる。特に高密度な都市に居住する人々の住まいの立地条件は，環境的側面だけでなく，地価などの社会的側面にも大きな制約を受ける。コロナ禍以前は，このような事態に対して，通勤時間が長くなってもより良好な環境条件等の立地を求める，あるいはその逆に，利便性に重点を置いて経済的負担や環境条件を妥協するなど，一長一短が交錯する住まいの選択が一般に行われてきたと考えられる。限られたなかで良好な環境条件を確保する工夫として町屋の例を学んだが，さらに街との関係で，「建物とそれ以外の空間」ではなく，敷地全体を一つの住まいとして提案する事例が図12-4である。

　一般に中庭のある住まいを**コートハウス**と呼ぶが，中庭と室内の関係において，良好な環境が得られるための原則が考慮された住まいである。南北に細長い敷地内には，居室に面した中庭が4か所ある。例えば寝室に着目すると，南側と西側が2つの中庭に面している。他の居室についても全て2つの中庭に面している。これにより，光環境はもちろん，風の入口と出口が必要であるという大原則が居室ごとに実現できて

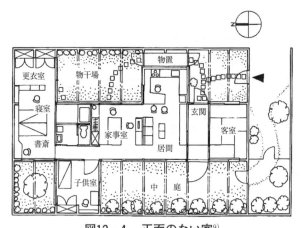

図12−4　正面のない家[9)]
設計：坂倉建築研究所，1960年
敷地面積176m²，延床面積80m²

　いる。風通しによる換気がスムーズで，良好な空気環境が確保できるよ
う計画されている。2つの中庭に面することで，居室相互の視線が合わ
ないようにする配慮もあり，家族内における「公と私」，「私と私」にお
いて，プライバシー面での緩衝空間として機能していることになる。限
られた面積における，この住まいの中庭の緩衝空間としての役割は大い
に学ぶべきである。
　なお，近隣も同じ細長い敷地で外庭型の2階建てだったことから，当
初は施主の希望もそれに近いものであったが，2階の居室における近隣
間のお互いの視線への配慮から，「1階に這いつくばい，どこからもの
ぞかれることのない家を創ることになった」と，設計者の西澤文隆は述
べている。街との関係において対立するものを，高さ方向で，対立の枠
を外したこの住まいの意義は大きい。

（４）敷地の形状

　都市住宅に特徴的な敷地の形状がある。地形による不整形な敷地ではなく，人為的に分割した結果，生まれる形である。

　現在の法律では，道路に面していない敷地には建物が建てられない。そのため，ある敷地をAとBの２つに分割する際には，さまざまな事情が絡んでくるが，もともと道路に面している手前部分の敷地A，道路に面するように間口の狭い路地状のスペースを確保した奥の敷地B，となることが少なくない。この敷地Bが一般に旗竿地と呼ばれるものである。

　日本においては，細長い敷地が敬遠されることが見受けられるが，この背景には，駐車スペースや外庭の意識とともに住まいの間取りが制限されることへの心配があると思われる。しかし，敷地の面積規模とともに中庭の計画が条件として可能であれば，細長い形状の敷地での戸建て住宅の建設は考えられてよい選択肢である。

4．新しい緩衝空間

（１）ほどよい所有感

　日本のことわざに「親しき中にも礼儀あり」とあるが，集団生活にまつわる示唆的な言葉を耳にした経験は誰しもあるだろう。文化人類学者のエドワード・T・ホール（Edward T. Hall）は著書『かくれた次元』[10]の中で，生きものには接触性のものと非接触性のもの（人間がこれに属する）があることに言及し，後者について個体距離の概念を用いて，人間同士の距離とコミュニケーションについて考察している。人々のコミュニケーションについて考えると，集団生活においてコミュニケーションをゼロにはできないが，社会で起こるさまざまな不具合は，その濃淡の両極で起きているかに見え，考えさせられることが多い。よい塩梅のコミュニケーションは実に難しく，他人との交流を苦手とする人も

多くいる。しかし，人の性格はなかなか変えられないのも事実で，この問題を解決するために，人間側の努力に頼るには限界がある。そこで，空間的な仕掛けが大いに助けになってくる。

　関連して，ここで**テリトリー**の概念にも言及しておきたい。所有感を伴い，他者に侵されないように守る領域で，縄張りと言い換えれば分かりやすいだろう。動物の縄張り行動や人間の縄張り行動について，多くの研究がさまざまな視点で行われている。アルトマン（Irwin Altman）によれば，人間には一次的テリトリー（私的な意味合いをもった領域），二次的テリトリー（住まいを取り巻く周囲の領域。学校や職場など），公共テリトリー（不特定多数の人が交代で利用する領域）の3つがあるという[13]。これらはその場所の所有感の大小としても理解できそうである。例えば，一次的テリトリーではほとんど私物で占有された「自室」があり，二次的テリトリーである学校では「いつも座る席」があろう。ある場所を自分のテリトリーとして守るには，他人に対して何かのサインを示すマーキングがよく行われる。座席に持ち物を置くなどである。ほかにも，神社仏閣などで立ち入り禁止を意味する「止め石」は，大きい構築物を用いずに，ある領域への立ち入り禁止をさりげなく伝えるものである。自分のテリトリーではない場所で「自分の活動を促す」ことは，なかなか難しい部分があろう。そこで「ほどよい所有感」をもつ緩衝空間の事例を紹介する。

（2）必要活動と任意活動

　デンマークの建築家ヤン・ゲール（Jan Gehl）によれば，屋外での空間利用には**必要活動**，**任意活動**，そしてそれらが複合した社会活動の3つの型があるという[14]。
〇必要活動は，必要に迫られて行う活動である（学校に行く，仕事に行

く，ごみ出し，日常の買い物など）→全ての条件下で行われる。

○任意行動は，そうしたい気持ちがあり，そして時間と場所が許すときに行う（散歩をする，腰かけて日光浴をする）→屋外の条件が良好なとき，天候と場所がふさわしいときだけ行われる。屋外のデザインが重要である。

○社会活動は，必要活動と任意活動が発展したものなので，合成活動ともいう。公共空間に他の人々が存在することを前提にした活動。子どもの遊び，あいさつと会話，各種のコミュニティ活動，ただ他の人を眺め，耳を傾けるという受け身の触れ合いが含まれる。社会活動は，人々が動き回り，同じ場所にいることの直接の結果として，自然に生まれてくる。これは，公共空間で必要活動と任意活動に，よりよい条件が与えられれば，それによって社会活動が間接的に盛り立てられることを意味する。

　屋外空間の質が貧しいときは，必要行動しか起こらないというゲールの指摘は，誰もが経験的に理解している。しかしながら，「質」をどう高めるかは大変難しい。例えば広場の設計で考えると，事前の完成予想図では多くの人々が憩いの場として楽しそうに過ごしているが，いざ完成してみると，実際には閑散として利用者自体が見られない……というケースも少なくない。

（3）環境的側面と社会的側面によるデザイン

　第3章でも取り上げたソーラータウン府中（図12-5）は，2階建ての独立住宅が集まった街区である。広義には集合住宅であるが，あくまで世帯ごとの個別の敷地に計画されて分譲されたものである。街区の中心には園路と呼ばれる空間がある（図12-6）。

　この園路は南北に貫いており，東側と西側に合計16戸が配置されてい

図12-5　ソーラータウン府中鳥瞰[17]

配置図

図12-6　ソーラータウン府中配置図[17]

る。日当たりを確保することとプライ
バシーへの配慮から，巧みに開口部が
設けられている。建築環境工学の熱・
空気・光・音の４つの要素がバランス
よく快適性，利便性を支えている。半
屋外空間は特になく，完全な屋外空間
である。各戸へのアプローチは，タウ
ンハウスのように共用庭からのアクセ
スではなく，一般の戸建て住宅と同様
に公道側に自然なかたちで玄関があ
る。

　本来なら玄関とは反対側のいわゆる
住宅の裏は，あまり魅力的ではない場
所になってしまうが，このソーラータ

図12-7　ソーラータウン府中園路[17]

ウン府中は，園路側に "裏" が感じられない。園路にはこの地域に自生
する雑木や植物を中心に，夏季の日陰，冬季の日当たりを確保できる緑
が植えられている。これによって季節を通して屋外活動が実現できる素
地が整っている。またこの園路は，単なる環境調整機能のみではなく，
幅員にも変化をもたせ，居住者の屋外活動を促すファニチュア（ベンチ
や雨水ポンプなど）も備えている（図12-7）。

　住棟配置，開口部の位置は，日当たりを遮らないように，また他世帯
と視線が合わないように各戸ごとにきめ細かくデザインされており，良
好な環境やプライバシーが確保されている。音環境については，自然な
生活音のなかで特にストレスなく日常を過ごすという。そのため，外部
の視線や騒音を気にすることなく，カーテンや窓を開けて光や風を入れ
るという，本来の窓の使い方が十分にできている。では，園路に出ての

屋外活動はどうであろうか。一般的にせっかく魅力ある空間があっても，きっかけがないとなかなか活動に至らないが，このソーラータウン府中の場合は，自然なきっかけが日常的にあるようである。その重要なインターフェイスは「窓」である。季節になって園路の木々に花が咲くのが「窓」から見える，鳥のさえずりや子どもたちの遊ぶ声が「窓」から聞こえる……といったように，屋外の変化を窓を通じて感じることが，任意活動を促し，社会活動へ発展していると解釈したい。また高層ではなく，接地性のある低層住宅であることも，大前提として忘れてはならないだろう。「窓」を思いのままに開けられることを，今の住まいは失いかけているように思えてならない。

　ただし，この園路での魅力ある活動を支えているのは，これまで述べてきた環境的側面だけではない。ソーラータウン府中で特筆すべき点は，社会的側面においての工夫である。先にテリトリーについて述べたが，園路が普通の共用空間であれば，居住者が無責任な立場で独り占めする，あるいは無関心のままになるという可能性もある。この点において，「地役権」（他人の土地を自己の土地の便益のために供する権利）という権利を設定したことが，よい塩梅にこの空間を緩衝空間として生き生きとしたものにしている。園路をつくる際に，自分の敷地の一部を皆で利用できるよう，お互いに認め合っている。つまり，目には見えないマーキングのようなものであろう。園路は，自分にとってほどよい所有感があり，他の居住者も同じ土俵であるという，いい意味で他人事ではない状況が潜在的に存在している。したがって，テリトリーが重なっても人の活動が成立している。

　環境的側面と社会的側面がバランスよく融合したことで，「公と私」「表と裏」という対立概念における新しい緩衝空間が誕生した。今後の水平展開に期待したい。

🔎 研究課題

1．各自の日常生活において，必要行動と任意行動にどのようなものが
あるか調べたうえで，任意行動を起こすためにはどのような環境条件
であれば可能になるか考えてみる。
2．縁側あるいは中庭のある住まいについて，本章で扱っていない事例
を文献などで探し，間取りにおける特徴などを調べる。

引用・参考文献

1）日本建築学会編『新訂版　日本建築史図集』彰国社，1992年
2）建築用語辞典編集委員会編『建築用語辞典』第2版，技報堂出版，1997年
3）日本建築学会編『建築学用語辞典』岩波書店，1999年
4）太田静六『西洋建築様式史図集　同解説』理工図書，1990年
5）日本建築学会編『西洋建築史図集』三訂版，彰国社，1992年
6）本間博文・梅干野晁『住まいと環境』放送大学教育振興会，1990年
7）本間博文『住まい学入門』放送大学教育振興会，1998年
8）「仕切りの美学」『コンフォルト』No.3，建築資料研究社，1991年
9）日本建築学会編『コンパクト建築設計資料集成（住居）』第2版，丸善，2006年
10）エドワード・ホール，日高敏隆・佐藤信行訳『かくれた次元』みすず書房，
1970年
11）ロバート・ソマー，穐山貞登訳『人間の空間—デザインの行動的研究』鹿島出
版会，1972年
12）槇究『環境心理学—環境デザインへのパースペクティブ』春風社，2004年
13）佐古順彦・小西啓史『環境心理学』朝倉書店，2007年
14）ヤン・ゲール，北原理雄訳『建物のあいだのアクティビティ』鹿島出版会，
2011年
15）「真に長持ちする住宅とは　ソーラータウン府中」『住宅建築』No.438，建築資料
研究社，2013年4月号

16)『木造ドミノ住宅「暮らしの性能ガイドブック」心地良く永く住み続けるための仕掛けづくり』野沢正光建築工房・相羽建設株式会社，2017年

17) 野沢正光建築工房 HP：http://noz-bw.com/archives/works/stf（2022年2月28日アクセス）

13 | 外構の環境計画

| 高橋　達

《**目標＆ポイント**》　住まいはそれが建つ敷地の環境と対になって，その内外の環境を形成する。日本では土地の価格が決して安くはないため，経済的な観点から敷地境界のすれすれまで住宅を建てることもあるが，敷地内における住宅の外側のスペースである外構は単なる残りの土地ではない。環境共生の住まいと住まい方を実現するためには，実は外構が大きな役割を担う。周囲の植栽などにより住まい直近の外気温や放射温度が低く保たれていれば，エアコン冷房かパッシブクーリングかを問わず環境負荷を下げやすくなり，熱的快適性が向上しやすくなる。外構に緑地があれば，生物の生息が可能になってビオトープを形成し，生物多様性に貢献できる。庭の池に蚊が多く湧いてしまうようなら，メダカを放流してボウフラを食べてもらえばよい。集合住宅では住戸別の外構は用意されていないことが多いが，バルコニーで鉢植えの植物を育て，プランターへの水遣りのために雨水タンクを設置することも可能なので，バルコニーが外構となる。本章では，人間が自然と折り合いをつけて生活していくバランスを外構の環境計画から学ぶ。

《**キーワード**》　外構，雨水，透水性舗装，保水性舗装，堆肥化，コンポスト，環境共生，微気候，ビオトープ

1．外構の環境計画のための基本概念

（1）外構に見る忘れられた自然とのつきあい方

　外構とは，住宅の敷地のうち住宅以外の部分である。なんとも味気ない言い方だが，経済原理を最優先した結果，緑豊かな庭などほとんどないという住まいであれば，こういう言い方をしても少しも不思議ではな

いかもしれない。

　住まいそのものもその内部に温熱環境，すなわち気候をもたらすので，ある種の自然であることは，第1章や第6章などですでに学んだところである。住まいにとっての直近の環境である外構もまた，やはり自然である。住まいにとっての環境である外構がどうあるべきかをまず考えてみよう。

　図13-1は，現代の住宅敷地における水収支からみた環境問題を表している[1]。外構が透水性の舗装になっていなければ，コンクリートなどの舗装面や住宅の屋根といった非透水性の人工被覆物により，降雨時に土壌に浸透する**雨水**の量が，自然状態の土壌に浸透する雨水の量より著しく少なくなるはずである。そうやって非透水性の敷地によってはじき出された雨水は下水道に流れ込むため，豪雨時に下水道管の排水容量を超え，汚物の混じった雨水が逆流して路面に吹き出ることがある。

　他方，現代の住まいの材料は木材や土壁などと異なり，透水性だけでなく保水性にも乏しい。さらに非透水性の舗装面が多ければ，地面から

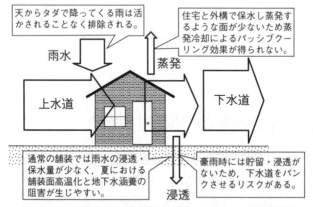

図13-1　現代の住宅敷地の水収支にみた環境問題
<出典>日本建築学会編『雨の建築学』[1] p.73にもとづき筆者作図

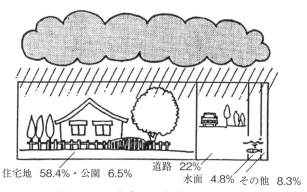

住宅地　58.4%・公園　6.5%　　道路　22%　　水面　4.8%　その他　8.3%

図13－2　東京23区とそこに降る雨

＜出典＞日本建築学会編『雨の建築学』[1] p. 65にもとづき筆者作図。数値は東京都都市整備局『東京の土地利用　平成28年東京都区部』[2] に準拠

の水の蒸発は望めず，蒸発散を行う植栽も少ないため，外構での蒸発冷却によるパッシブクーリング効果が期待できない。そのため，夏季に外構の気温が低めに保たれることはめったにない。

　以上は，日本が近代化を進めて西洋を目標にして建物をつくってきた結果生じた，一般的な住宅環境問題の一つと言ってもいいだろう。

　図13－2に示すように，東京都の23区では住宅地が土地面積の約60%を占めていて，道路は22%である[2]。人工的な舗装面が土地の8割強になっているので，この舗装面の水や熱，生物に対する特性をどのようなものにするかは，当然ながら良くも悪くも地域の環境に大きな影響力をもつ。ポジティブに考えれば，敷地は都市の過半を占める雨水収穫面なので，都市における泉のような存在という見方もできる[1]。

（2）排除・防除だけでない自然とのつきあい方の原理

　資源・環境問題を前にして，私たちはこれまで推し進めてきた文明のあり方を大きく問われている。したがって，環境問題を起こしていない

自然の土地や近代化前の住宅敷地に，環境とのつきあい方を学ぶ必要があると考えられる。

　図13-3は，日本建築学会編『暮らしに活かす　雨の建築術』[3]が推奨している "雨とのつきあい方" である。前述したように，東京の場合，土地の6割が建物の敷地なので，降った雨水を図13-4左のような雨水タンクで貯留し，便所洗浄や庭の水遣りなどに活用する。また，地下水が枯渇しないように，雨水を**透水性舗装**などによって土壌に浸透させる。植栽や図13-4右のような**保水性舗装**面によって，散布した雨水が蒸発冷却に利用されると，外構空間のパッシブクーリングが行われ，住宅内の冷房がより効果的になる。

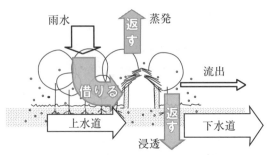

図13-3　自然状態に近い住宅敷地の水収支・「雨の建築術」の概念イメージ
＜出典＞日本建築学会編『雨の建築学』[1] p.71にもとづき筆者作図

図13-4　雨水タンク（左，900L）と保水性舗装（右，コクーン広場，設計・施工：ミサワホーム，埼玉県熊谷市）

　このように未利用の自然資源である雨水をいったん「借りる」。そして
てそれをさまざまな用途で活用し，なおかつ使用済みの不要な水を自然
の仕組みに適うやり方で「返す」。「雨の建築術」は，「雨を借りる」，そ
して雨水を庭の散水やトイレ洗浄などさまざまな用途に活かし，その後
に「雨を返す」という概念を，建築とその敷地である外構に具備すべき
基本原理として提示している。

　大きな土地利用面積を有する建物の敷地は，例えば蒸発で「雨を返
す」という原理を実現すれば，蒸発冷却作用を利用したパッシブクーリ
ングにより周囲のヒートアイランド抑制に寄与するはずである。また，
透水性舗装などにより「雨を返す」という原理を実現すれば，都市型洪
水の予防に寄与することになる。「雨の建築術」は，現在はまだ活用し
きれていない未利用資源の雨水と，住まい・外構との望ましい関係につ
いて，有益な示唆を与えてくれる。

　雨水問題以外にも，ごみ問題，ヒートアイランド問題などの地域環境
問題に対して，外構は積極的な解決策を示す可能性をもっている。例え
ば，外構が広く，隣家との距離が長ければ，庭先で生ごみを**堆肥化**する
ことは臭気の問題がなく，ごみ問題を解決できるどころか，**コンポスト**
という土壌改良材が得られる。生ごみの堆肥化は外構スペースで実践す
るべき環境配慮手法の一つである。

　図13-5は，明石高等工業専門学校教授の平石年弘先生が開発した無
電力の生ごみ堆肥化装置であり，図13-6はその使用手順である。この
ような無電力の生ごみ堆肥化装置を，軒下の雨がかからない場所に設置
し，台所で発生する生ごみを米ぬかや腐葉土などと混ぜて放置すれば，
微生物分解により最短4日ほどで腐敗臭のない土壌改良材に変換するこ
とができる。こうすれば生ごみを，かたちを変えて土に返すことができ
る。動植物由来の有機物を微生物に分解してもらう。その結果生じる無

図13-5 無電力生ごみ堆肥化装置「はらぺこ君」

明石高等工業専門学校教授 平石年弘氏による発明。高断熱容器内で発酵熱により生ごみを4日間で一次発酵終了

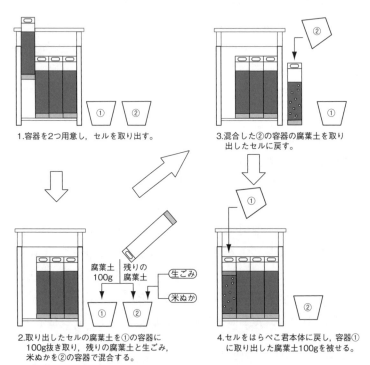

1.容器を2つ用意し，セルを取り出す。

3.混合した②の容器の腐葉土を取り出したセルに戻す。

2.取り出したセルの腐葉土を①の容器に100g抜き取り，残りの腐葉土と生ごみ，米ぬかを②の容器で混合する。

4.セルをはらぺこ君本体に戻し，容器①に取り出した腐葉土100gを被せる。

図13-6 無電力生ごみ堆肥化装置「はらぺこ君」の操作手順

機養分を植物に吸収してもらい，残存する植物繊維は土壌微生物の棲みかになる。

　生ごみの堆肥化と土壌還元は，私たち人間の体に取り込む栄養物質を自然から「借りて」，その残りかすを無害なかたちに変えて自然に「返す」わけなので，「雨の建築術」と同じ考えにもとづく外構での自然とのつきあい方である。

　以上で学んだように，外構の環境計画における基本原理は，①自然のポテンシャルを活かすこと（自然から資源を借りる），また②自然の仕組みに適うような熱・水・ごみの廃棄のデザインを行うこと（自然を攪乱しないように借りたエネルギー・物質を返す），さらに①②をまとめて，③自然に備わる水・養分の循環に調和させることである。

　環境共生とは，人間の生活が②の自然の仕組みに適うこと，生物群・生態系と調和することである。外構は住まいのすぐ外側で外部環境と接する境界なので，外構の環境計画の原理の一つに環境共生が求められている。

2．外構の環境計画の先進事例

（1）駐車場の緑化による夏季微気候の緩和効果

　前節の３つの基本原理を追求した外構の環境計画手法の一つが緑化である。ここでは，ある緑化された駐車場の事例を紹介しよう。

　図13-7，13-8はランドスケープアーキテクトの井上洋司氏[6]が設計した老人ホームの緑化駐車場である。この敷地はもともと学生寮とそのアスファルトの駐車場であったが，オーナーから相談を受けた井上氏は駐車場を緑化し，学生寮を老人ホームに用途を変更するリノベーションの提案を行った。

　図13-8右の写真に示すように，自動車２台分の砂利敷き駐車スペー

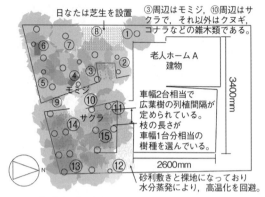

日なたは芝生を設置

③周辺はモミジ、⑩周辺はサクラで、それ以外はクヌギ、コナラなどの雑木類である。

老人ホームA 建物

車幅2台相当で広葉樹の列植間隔が定められている。
枝の長さが車幅1台分相当の樹種を選んでいる。

3400mm

2600mm

砂利敷きと裸地になっており水分蒸発により、高温化を回避。

図13-7　東京都立川市にある老人ホームAの緑化駐車場
施設用途：老人福祉施設，ランドスケープ設計：背景計画研究所，
調査協力・施設オーナー：茂士山健司氏

図13-8　駐車場の緑化前（左）と緑化直後（中央）・現在（右）の様子

スごとに高木が配置され，自動車2台の両脇を挟むかたちになっている。高木は桜や紅葉，クヌギといった雑木林を構成する樹種である。高木の枝葉が駐車スペース全体に緑陰をつくるとともに，老人ホームのお年寄りが室内から緑や紅葉，桜の花を眺められるようにデザインされている。高木のない地点（図13-7の地点⑧）は日なたになるため，芝生が植えられている。

図13-9は，緑化駐車場の水平気温分布（左）と立川市の気象観測外

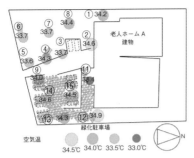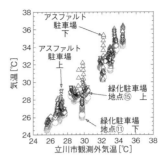

図13-9 緑化駐車場の水平気温分布（左，2021年8月27日13：55）と立川市気象観測外気温・アスファルト駐車場外気温との比較（右）

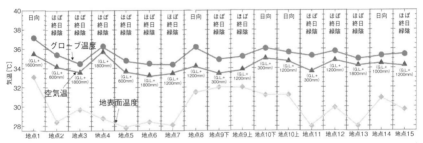

図13-10 緑化駐車場における各地点のグローブ温度・気温・地表面温度（2021年8月27日12：50）

気温・アスファルト駐車場外気温との比較（右）である。図13-9左に示すように，この緑化駐車場の夏季の気温は33.6〜34.9℃であり，地点間で大きな差がない。また，図13-9右に示すように，近所のアスファルトの駐車場の気温と比べると，緑化駐車場の気温は2〜6℃低くなっている。

　図13-10，13-11はそれぞれ緑化駐車場とアスファルト駐車場のグローブ温度・地表面温度などである。グローブ温度・地表面温度について，緑化駐車場とアスファルト駐車場とを比較すると，さらに著しい差

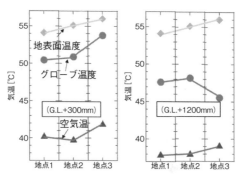

図13-11　アスファルト駐車場における各地点のグローブ温度・空気温・地表面温度（2021年8月27日13：45）

異が確認できる。

　地表面温度は，緑化駐車場がアスファルト駐車場より21〜28℃低くなっている。また，緑化駐車場では，地表面温度が日なたに対して緑陰のほうが1〜3℃低い。アスファルト駐車場では，放射の影響が反映された温度であるグローブ温度が気温より6〜10℃高くなっている。緑化駐車場ではグローブ温度が気温より0.5〜2℃高くなるにとどまっている。緑化駐車場のグローブ温度は地点④を除き，日なたより緑陰のほうが0.5〜3℃低い。これは，緑陰による日射遮へいと，葉群裏面や土壌・草地での蒸発冷却の複合効果によって，放射温度の上昇が抑制されたためである。

　以上のパッシブクーリング効果は，**微気候形成**を意図して外構がデザインされた結果である。

（2）中庭にビオトープをつくる

　庭に植栽だけでなく水辺を設けると，小鳥や昆虫以外にカエルを棲みつかせたり，小魚を飼ったりすることも可能である。このように人工空

間の中に動植物が棲みつくことができる場所のことをビオトープ[8]とい
う。ビオトープは典型的な環境共生手法である。

図13-12は，東京都武蔵野市の住宅の中庭に，実験的に導入された水
路と小さな田んぼである。台所排水が水生動植物により浄化される水路

図13-12　東京都武蔵野市の住宅の中庭に実験的に導入された水路・田んぼ[9]
台所排水を水生動植物により浄化する水路（左・中央）と田んぼ（右）で構成される

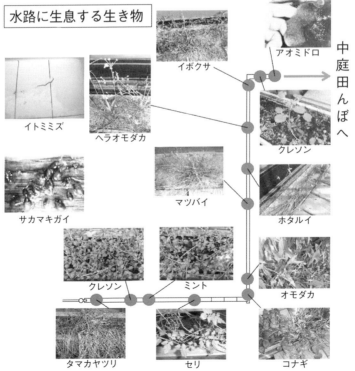

図13-13　水路に生息する生物（実際の田んぼ・水路の生物に近い種）[9]

（ステンレス製，幅10cm，深さ5cm，長さ15m）と，雨水・水道水など
で稲を育成する田んぼ（5.04m²）などが中庭に導入されており，水路
は実際の田んぼにある水路を模している[9]。池ではなく田んぼを設置し
たのは，住まい手が田んぼのもつ田園環境を好んだからである。

　この水路では動植物の浄化作用により，台所排水の水質汚濁負荷が流
入時の65〜93％除去されるという効果が確認されている[9]。図13−13に
はサカマキガイ，イトミミズといった生物の確認が表現されているが，
それら以外にも田んぼの水中にメダカ，金魚が生息する。晩夏にはトン
ボが飛来してくる。この中庭に小さな生態系が形成されているわけであ
る。

　住まい手は東京で田園のような生活，すなわち田んぼの生き物に出会
える生活を楽しんでいた。雨水や栄養分を自然から借りて，受け取りや
すいかたちに変えて自然に返す仕組みを外構にもたせた試みである。

🔋 研究課題

　自分の住まいの外構（集合住宅ならバルコニー）のスペースで可能な
環境づくりについて，実践と継続可能な方法を考えてみよう。その予想
される成果と問題点について考察してみよう。なお，バルコニーなどの
スペースが共用の場合は，住民コミュニティ内での協議により実践可能
と予想できるような方法を考えること。

引用・参考文献

1）日本建築学会編『雨の建築学』北斗出版，2000年，pp. 64-79

2）東京都都市整備局『東京の土地利用　平成28年東京都区部』
https://www.toshiseibi.metro.tokyo.lg.jp/seisaku/tochi_c/tochi_5.html

3）日本建築学会編『暮らしに活かす　雨の建築術』技報堂出版，2010年，pp. 10-21

4）甲斐哲朗・高橋達・野沢正光・小谷和也・高橋昌巳・古川泰司ほか『エコリノ読本—住まいをリノベーションして，エコな暮らしを手に入れる』新建新聞社，2014年，pp. 89-91

5）清水敬示『季節と寄り添う居を構える—先人の知恵に学ぶ微気候デザイン』創樹社，2011年

6）井上洋司『ローメンテナンスでつくる緑の空間』彰国社，2014年

7）NPO法人緑のカーテン応援団編『緑のカーテンの育て方・楽しみ方』創森社，2011年

8）養父志乃夫『ホームビオトープ入門—生きものをわが家に招く』農文協，2005年

9）歓崎透・布施安隆・高橋達・黒岩哲彦「植生浄化・緩速ろ過・ビオトープの複合システムによる水質浄化に関する実測調査（その１．植生浄化・緩速ろ過の水質浄化能力)」『日本建築学会大会学術講演梗概集』D-2，2007年8月，pp. 609-610

14 | 住みこなしの理論

高橋 達

《**目標＆ポイント**》 住まいは，施工業者や不動産業者から住まい手に引き渡された直後から，即座に，期待どおりの性能を発揮することもある。その一方で，つくり手にお任せではなく"自分好み"の設えや住み心地などを追求する場合，住みながら住まいのチューニングを続けることにより，自分の望むライフスタイルへのカスタマイズが必要になることもある。自動車の運転は免許をもっていれば誰でも可能だが，例えば"エコドライブ"（低燃費型運転）は，目的意識をもって習熟し，継続しようとしないかぎり実践できない。「住まい」は「住居（ジュウキョ）」と違って，住む人の気配や住むことの美意識を投影したライフスタイル＝住まい方があってこそ成立するものであり，「住まい方」は単なる習慣を超えて文化になりえる点が「住み方」とは異なる。そのためここでは，住まい方も住まい手とともに変化し，快適で愛着のあるものとしてカスタマイズされることを学ぶ。

《**キーワード**》 住まい方，環境調整行動，感覚—行動プロセス，リノベーション，住みこなし，ライフスタイル，蓄熱式薪ヒーター

1. 住まい方が習慣化するまでのプロセス

（1）日常的行動とそのもととなる記憶

　住まいのなかでの私たちの生活は，個人個人の暮らし方として毎日，毎年繰り返される習慣的な営みである。そうした**住まい方**は，多くの場合は無意識的に，また，あるときは愛着や明確な意図をもった意識的行動として展開されている。そのため，ここでは住まい方が日常的な行動として展開される，その仕組みを考えるところから始めよう。

　人間が何かの行動を起こす場合，そのきっかけとなる刺激が外部から得られている。例えば，空間の光や熱，音などの物理的刺激を入力として知覚すると，それらの感覚物理量が自分の快適な感覚からずれていた場合，それらの物理量を快適な状態に近づけるために何らかの行動を出力する。これらの行動は，熱環境や光環境，音環境を調整するための行動なので，**環境調整行動**といわれている。また，建築環境の物理量に対する感覚に始まり，それを希望する状態へと調整する行動までのプロセスを，ここでは**感覚―行動プロセス**と呼ぶ[1]。

　図14－1は，習慣にもとづき無意識的に行われる感覚―行動プロセスである。例えば教室に入れば，そのときの明るさ感を問うことなく，無意識的かつ習慣的に電灯をつけるという行動が一般的であろう。

　毎日展開されている行動の体験が記憶となって脳内に蓄積され，それが次の行動を決定するときの参照情報になる。脳はそのようにして私たちの日常的な行動をコントロールしている[2]。そう考えると，食わず嫌いは，参照情報のない食物を食べることのリスクを回避する経験主義であるわけなので，あながち批判されるべきではないという解釈が成り立つ。

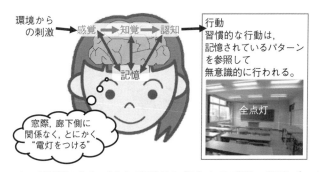

図14－1　習慣にもとづき無意識的に行われる感覚―行動プロセス
日常的な行動の体験が記憶となり脳内に蓄積され，それが次の行動を決定するときの参照情報になる。脳はそのようにして日常的な行動をコントロールする[2]

（2） 感覚─行動プロセスの変容

　図14−1で示した感覚─行動プロセスのように，記憶にもとづく習慣化した行動をそれとは異なるものに変えることは相当に難しく，一般に他者からの呼びかけだけでは不十分であることが知られている。図14−2は，新しい刺激を受けることをきっかけにして，これまでの習慣的行動とは異なる，新しい行動が惹起されるまでの感覚─行動プロセスを示している。教室の照明に関する体験型学習の例である。図14−3は教室の照明に関する体験学習の手順である。

　この体験学習のプログラムでは，まず参加者はキャップをかぶることによって天井の電灯（照明器具）が視野に入らず点灯状態が判別できない条件で，電灯の点灯パターンを予想する。ここで点灯パターンは，窓際・中央・廊下側のいずれの列も点灯した「全点灯」，窓際の列のみ消灯した「窓際消灯」などである。次いで，予想の後に種明かしとして，キャップをとり天井を見上げて実際の点灯状態を確認する。

　窓際は昼光のみで十分に明るくなるため，かぶった帽子で点灯状態が

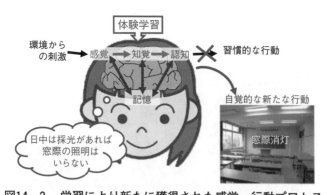

図14−2　学習により新たに獲得された感覚─行動プロセス

体験学習時に，予想と異なり窓際が昼光のみで電灯並みに明るいことを体験し，驚いた記憶が窓際消灯という新しい自覚的行動を惹起する

図14－3　照明の効果的な使い方に関する体験学習の手順

把握できない状態では，机上面の明るさの感覚からだけで点灯パターンを言い当てることが困難である。そのため，年齢に関係なく，学習者の予想は外れる。このようにしてゲーム形式の体験学習を経験することによって，日常的・習慣的行動を再考する機会が与えられる。

　この体験学習では，予想が大きく外れ，そのことが学習者には「おもしろい」と感じられる。学習者は，種明かしの時間に，予想と異なり窓際が消灯されていることを知ると，窓際は昼光のみで電灯と同等の明るさが確保されうることを，言葉ではなく体験から納得する（理解する）。そうなると，入室して即座に全点灯を行うという習慣的行動ではなく，窓際の電灯を消灯するという新しい行動が図14－4右のように内発的に発現する。

　このようにして，何らかの楽しさや快適感を伴う体験によって，新たな知覚と認知が起きると，これまでの記憶とは異なる新しい記憶がつく

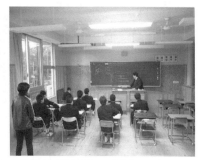

図14－4　照明の効果的な使い方に関する体験学習の様子（左）と学習後の
　　ある授業の様子（右）
（左）キャップで電灯が見えない状態で点灯パターンを当てる
（右）窓際消灯が実践されている

られる。この例では，点灯パターンの予想が大きく外れることと，意外
にも昼光が電灯並みに明るいことがおもしろく感じられ，そのことが新
しい記憶をつくる刺激になっている。この記憶が，日常生活の場面で感
覚情報により想起された結果として，自然に窓際消灯などの行動が選択
されている。

　実践行動が発現するのは，あくまでも，その感覚―行動プロセスにお
いて快適性や楽しさなどの記憶がトリガーになるからであって，他者か
ら押し付けられた呼びかけは，トリガーになりにくいのである。

　苦労して手に入れたマイホームを北欧調の家具やインテリアで設え，
共働きでもこまめな掃除で室内をきれいに保っている女性がいると想像
しよう。彼女は北欧インテリアショップに設えられている住まいの各
シーンを体験することによって，新しい快適な住まい方の記憶を形成し
ている。北欧調のインテリアとこまめなハウスキーピングという住まい
方は，彼女のそうした美意識の具現化された結果である。誰かからの押
し付けではなく，そのような愛着と住まう喜びの記憶にもとづいて，感

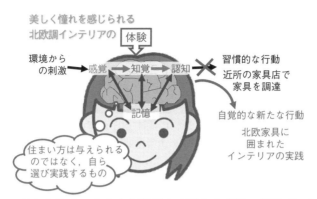

図14-5　新たな住まい方を自ら獲得する場合の感覚―行動プロセスの例

覚―行動プロセスが展開されていると解釈することができる。

　住まい方を展開させる駆動力は，多くの場合，自分の育った住まい，生活してきた住まいでの居住経験である。意志的・主体的にそれとは別の住まい方を選択し，実践する場合，その住まい手が新しい価値を認識するための体験・経験というトリガーを必要とする。そのため，住まい手が育った住まいの体験と，これから体験するであろう新しい住まいの体験の双方が，住まい方の選択を大きく左右するわけであり，望ましい方向に住まい方を変えたければ，望ましい住まい方の実体験を用意する必要がある。

2．住みこなしの実践例

（1）夏のための窓まわりの使いこなし――緑のカーテンを育てる

　図14-6は，日よけの効果に関する演示実験や，近所のお宅訪問会，室温のモニタリングといった，専門家による住まい方支援を受けた住まい手が，3年かけて日よけを拡張したプロセスを示している。図14-7は，そのリビングの室内気温の3年間の変化である。

図14-6　パッシブクーリングに関する3か年の住みこなし過程[3]
3年かけて日よけを拡張し室温の上昇抑制に努めている

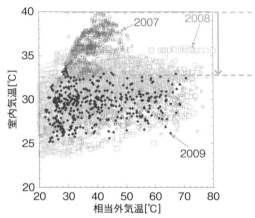

図14-7　パッシブクーリングに関する住みこなしによる室内気温の低下
日よけ効果やお宅訪問会を経験し，3年で日よけを拡張し居間の最高室内気温を
7℃下げている[3]

　通常，住まいを引き渡されたら，その直後から誰のガイドもなく手さ
ぐりで住まいを使い始めるわけだが，これは集合住宅の購入メニューの
なかに住まい方支援も含まれている珍しい例であり，6階北側住戸の住
まい手の変化を紹介している。
　この住まい手は，入居時点では環境配慮の住まい方にまったく興味が
なかった。しかしながら，仲のいいご近所さんのお宅を訪れた際に，バ

ルコニーで育てられたゴーヤなどの植物が日射をよけ，エアコンなしでも涼しい室内空間になっていることを体験して大きなショックを受けた。その結果，簾や植栽の日よけを新設・増設することを3年かけて実践した。

　この住まい手が住まい方を改善するに至った"トリガー"は，ご近所さんの涼しいお宅体験である。日よけを設置していなかった自分の住戸は，同じマンションであるにもかかわらず，留守のときにはリビングの気温が40℃に達していた。そのため，ご近所さんを参考にして日よけを徐々に増やしていき，リビングの最高気温を7℃下げている。

（2）冬のための窓まわりの使いこなし——ペアガラスをさらに断熱する

　日本の戸建て住宅では，窓からの熱損失が屋外への熱損失全体の50％以上になるといわれている。筆者は，中古住宅に住みながら，少しずつ再生（リノベーション）して住みやすくする**住みこなし**を行ってきた。次に示す例は，筆者が行った窓断熱の住みこなしである。

　窓ガラスは単層より複層，複層より三層のほうが断熱性能が高い。そのため，リノベーションにより単層から複層に窓ガラスの性能を向上させたわけであるが，リビング・ダイニングの窓が掃出し窓であり，4枚もあって面積が大きいことから，複層ガラスにしたからといって，コールドドラフトを消しきることができなかった。そこで，複層窓ガラスをさらに断熱する設えとして断熱スクリーンを加えた。

　図14−8は中空層のハニカム構造をもつ断熱スクリーンと，複層ガラスとの表面温度の比較である。これは石油ストーブで暖房した状態で計測した結果であるが，複層ガラスの表面温度17〜18℃に対して，その手前側につるした断熱スクリーンの表面温度は23〜24℃になっており，複層ガラス表面より5〜7℃高くなっている。このような断熱スクリーン

図14−8　ハニカム構造をもつ断熱スクリーン（左）と複層ガラスとの表面
温度の比較（右：口絵9参照）
＜写真提供＞（左）セイキ総業株式会社 ハニカム・サーモスクリーン

を設置すれば，大きな面積の窓ガラスであっても，コールドドラフトが
生じにくくなる。

　筆者が断熱スクリーンの新設を実践したのは，友人宅で断熱スクリー
ンの存在を知り，その効果を体感したことが“トリガー”になってい
る。

（3）暖房機器の使いこなし（薪ストーブ）

　薪ストーブの愛好家は，アウトドアが趣味である人や，環境意識が高
く再生可能エネルギーの一つである木質バイオマスで暖房を行う生活を
営みたいと願う人たちである。薪ストーブの愛好家が知識のみに依存し
て薪ストーブの導入に至ることはまれで，やはり薪ストーブ販売店など
での薪ストーブ暖房体験を**ライフスタイル変革**の大きな根拠にしている
例がほとんどである。

　薪ストーブはエアコンのように，スイッチを押すだけでは即座に暖房
を始めてはくれない。図14−9は，薪ストーブの一つである**蓄熱式薪
ヒーター**における薪の焚きつけ方法である。なお，ストーブは英語で調
理器具を指すため，薪の燃焼により調理ではなく暖房を行う器具を薪

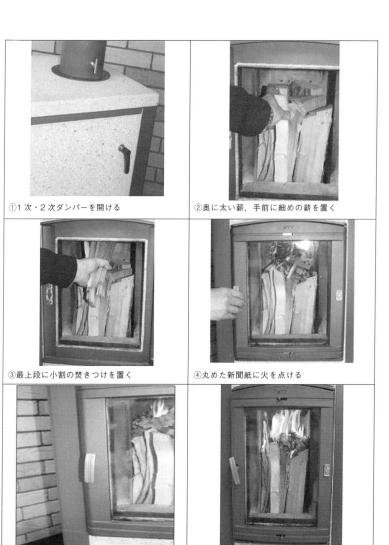

図14-9　蓄熱式薪ヒーターにおける薪の設置と焚きつけ
＜出典＞新エネルギー・産業技術総合開発機構（NEDO）

図14-10　蓄熱式薪ヒーター

分厚い耐火性材料で炉を囲うことにより，燃焼温度を1000℃まで高め，油分の多い
針葉樹の薪でも高い燃料効率で燃やし，ボディでの蓄熱が薪使用量と不快な高温放
射を抑える[4],[5],[6]

ヒーターという。

　薪の焚きつけ手順は以下のようになる。まず，薪ヒーターの一次ダン
パーを開けて，燃焼室への空気供給を十分に行えるようにする。次に，
フロントドアを開けて，太い薪を奥に細い薪を手前に置き，薪の最上段
に細い薪や新聞紙といった焚きつけを置き，着火する。着火後にフロン
トドアを閉める。

　どのようなタイプの薪ストーブ，薪ヒーターであっても，このような
焚きつけ行為を必要とする。この行為はエアコンに比べれば"めんどく
さい"（手間）と思う人が少なくないだろう。

　薪ヒーターの使いこなし術はまだ終わりではない。フロントドア下部
にある給気口は最大限開放して給気を行い，排煙温度が150℃になった
ら，炉内が消火するまで一次ダンパーを閉めておく。こうすることに
よって，ボディの両側面での蓄熱が行われ，消火後もヒーターの放熱に
より暖房効果が維持される。

　エアコンがリモコンのスイッチを一度押すだけで稼働することに比べ

て，薪ヒーターの稼働方法は一般に大きな手間と感じられるだろう。その手間があってもなお，薪ヒーターや薪ストーブを使い続ける理由の一つは，再生可能資源で暖房という生活行為が成り立つ安心感や満足感が得られることである。また，放射暖房器であるので，遠赤外線放射によるぬくもりも，使い続ける理由の一つに違いない。薪の燃える炎が不規則に揺れて，炎の色も焚きつけ時の濃いオレンジから，熾火（おきび）の薄いオレンジや燃える薪表面のブルーへと変化し，その変化が決して単調ではない。このような薪の炎を眺めることで名状しがたいリラックス（安堵）感が得られる。このような本能的な満足感の体験が，薪を使う住まい方のトリガーになっているようである。

🔔 研究課題

　自分が普段，無意識的に行っている冷房と暖房の習慣について考察してみよう。それにもとづき，意識して改善すべき行動とその手段について，第14章の内容を参考にしてイメージをまとめてみよう。

引用・参考文献

1）高橋達「研究者・実務者達による住環境教育活動の取り組み」，2016年度日本建築学会大会（九州）地球環境部門パネルディスカッション（2）資料「縮小時代に向けた低炭素型建築とまちづくりの取り組みと実践」2016年8月，pp.27-31
2）松本元『愛は脳を活性化する』岩波科学ライブラリー，1996年
3）小林康昭・五十嵐賢征・藤井廣男・高橋達・甲斐哲朗「緑化手法を採り入れた集合住宅の涼房実現過程に関する実測調査（その4．住まい方支援と改善効果の評価）」『日本建築学会大会学術講梗概集』D-2，2009年8月，pp.461-462

4）高橋達・東急リゾートサービス「NEDO バイオマスエネルギーの地域自立システム化実証事業／地域自立システム化実証事業『里山エコリゾートのためのスローテクノロジー統合型の地域木質熱利用システムの事業性評価（FS)』報告書」NEDO，2017年，pp. 70-93

5）櫻井謙祐・根本晋吾・高橋達「国産蓄熱式薪ヒーターの暖房効果に関する実測調査」『日本建築学会大会学術講演梗概集』D-2，2013年8月，pp. 1411-1412

6）甲斐哲朗・高橋達・野沢正光・小谷和也・高橋昌巳・古川泰司ほか『エコリノ読本』「第3章エコリノで考えたい設備」新建新聞社，pp. 79-96，2014年

15 | 持続可能な社会と住まい —未来に向けて—

田中稲子

《**目標＆ポイント**》 第1章から「住まいの環境」およびそれを住みこなすことについて，必要な学びを深めてきた。空間的には建物とその周辺の敷地の環境までを対象として，物理環境要素としては熱・空気・光・音について学んできた。しかし，それだけで快適な住まいが成立するのだろうか。第14章の住みこなしの理論で学んだように，快適な住まいには居住者の意識や行動が欠かせない。それと同じように，ある居住環境の価値を維持するためには，継承または持続可能性ということも重要になる。超高齢社会といわれる日本において，どのように持続可能な社会とそこにふさわしい住まいを考えていくのか，現代の私たちは問いかけられている。超高齢社会と共に生きる居住環境，これからの住まいの環境について考えてみたい。

《**キーワード**》 持続可能性，長寿命，継承，コミュニティデザイン，社会的側面，高齢社会，高齢居住者，斑（むら）のデザイン

1．持続可能性のなかに

　第1章の中で，私たちの家庭生活の場となる住宅や働く場となるオフィスビルなど，建物を利用することで排出される温室効果ガス（家庭部門・業務部門）は，日本全体の温室効果ガス排出量の約3分の1を占めることを確認した。とりわけ住まいにおいては，これまで学んできた建物そのものの工夫や私たちのライフスタイルを通して，温室効果ガスの排出削減に貢献できる面は大きい。しかし，ZEH（Net Zero Energy

House）のように温室効果ガスの排出を正味ゼロにするだけでは，持続可能な社会であるための必要十分条件にはならない。では，持続可能な社会を成立させるために何が必要なのか，そこに住まいはどう位置づけられるのかについて改めて考えてみたい。

（1）持続可能性と向き合う30年

　1987年国連「環境と開発に関する世界委員会」の報告書で提示された「Sustainable Development」には，時間を超えた環境権，すなわち次世代の存在が示唆されていた[1]。「持続可能な開発」と訳されるこの言葉の解釈をめぐってはさまざまな議論が展開されてきたが，1991年の国際自然保護連合の定義では「基盤となるエコシステムが保有するキャパシティの中で生活するという前提条件の下で，人間の生活の質を改善させるための発展」とされる[2]。これは，エコシステムに対する持続可能性の重要性を示唆するだけでなく，社会的，経済的，生態学的，空間的，文化的な側面に対しても持続可能性を考慮すべきことを示すとされる[3]。いわゆる自然環境だけでなく，社会・文化的な要素など，経済性ということ以外に軽視してきたことに目を向けるよう促すものでもあった。なお，この「持続可能な開発」を意図して，そこに成立する社会を「持続可能な社会」や単に社会の「**持続可能性**」と表現することも多い。

　では，現在，ファッション化の様相も呈しているSDGsであるが，住まいとの関わりはどのようなものなのだろうか。そもそもSDGsとは，持続可能な開発目標（Sustainable Development Goals）のことであり，パリ協定の採択年と同じ2015年に国連サミットで採択された。「誰一人取り残さない」持続可能で多様性と包摂性のある社会の実現のため，設定された17の国際目標である（表15-1）。17の目標には169のターゲットが設定されている。169のターゲットには開発途上国に関連した項目

が多くみられる。これは，SDGsが2000年に国連ミレニアム・サミットで採択されたミレニアム開発目標（MDGs）の後継であり，開発途上国の貧困や飢餓の撲滅を目指していたことに起因するものであろう。日本建築学会では，2021年3月に「日本建築学会SDGs宣言」を発出している。建築分野は全ての目標に関係するとしているが，特にゴール11にあたる「持続可能なまちづくり」，およびゴール12にあたる「つくる責任・つかう責任」を核として行動すると宣言している。ゴール11における10のターゲットのうち，日本の住まいに関連があるものとすれば「2030年までに，包摂的かつ持続可能な都市化を促進し，全ての国々の参加型，包摂的かつ持続可能な人間居住計画・管理の能力を強化する」である。子どもや障害者，高齢者に配慮した持続可能なまちづくり，居住環境づくりと読み取ってもよいのではないか。「高齢者に配慮した」という点について第2節で取り上げる。

表15-1　SDGs　17のゴール[4]

国連持続可能な開発目標（SDGs）

1 貧困をなくそう	あらゆる場所のあらゆる形態の貧困を終わらせる	**7** エネルギーをみんなにそしてクリーンに	全ての人々の，安価かつ信頼できる持続可能な近代的エネルギーへのアクセスを確保する	**13** 気候変動に具体的な対策を	気候変動およびその影響を軽減するための緊急対策を講じる
2 飢餓をゼロに	飢餓を終わらせ，食料安全保障および栄養改善を実現し，持続可能な農業を促進する	**8** 働きがいも経済成長も	包摂的かつ持続可能な経済成長および全ての人々の完全かつ生産的な雇用と働きがいのある人間らしい雇用（ディーセント・ワーク）を促進する	**14** 海の豊かさを守ろう	持続可能な開発のために海洋・海洋資源を保全し，持続可能な形で利用する
3 すべての人に健康と福祉を	あらゆる年齢の全ての人々の健康的な生活を確保し，福祉を促進する	**9** 産業と技術革新の基盤をつくろう	強靭（レジリエント）なインフラ構築，包摂的かつ持続可能な産業化の促進およびイノベーションの推進を図る	**15** 陸の豊かさも守ろう	陸域生態系の保護，回復，持続可能な利用の推進，持続可能な森林の経営，砂漠化への対処，ならびに土地の劣化の阻止・回復および生物多様性の損失を阻止する
4 質の高い教育をみんなに	全ての人に包摂的かつ公正な質の高い教育を確保し，生涯学習の機会を促進する	**10** 人や国の不平等をなくそう	各国内および各国間の不平等を是正する	**16** 平和と公正をすべての人に	持続可能な開発のための平和で包摂的な社会を促進し，全ての人々に司法へのアクセスを提供し，あらゆるレベルにおいて効果的で説明責任のある包摂的な制度を構築する
5 ジェンダー平等を実現しよう	ジェンダー平等を達成し，全ての女性および女児の能力強化を行う	**11** 住み続けられるまちづくりを	包摂的で安全かつ強靭（レジリエント）で持続可能な都市および人間居住を実現する	**17** パートナーシップで目標を達成しよう	持続可能な開発のための実施手段を強化し，グローバル・パートナーシップを活性化する
6 安全な水とトイレを世界中に	全ての人々の水と衛生の利用可能性と持続可能な管理を確保する	**12** つくる責任つかう責任	持続可能な生産消費形態を確保する		

<原典>https://www.un.org/sustainabledevelopment/
"The content of this publication has not been approved by the United Nations and does not reflect the views of the United Nations or its officials or Member States"

（2）コミュニティデザインの重要性

　まず，第3章で紹介した「地球環境・建築憲章」[5]を思い出していただきたい。これからの時代の建築に求められる要件が列挙されていたはずである（表3-2）。第3章で取り上げたソーラータウン府中の家を振り返りながら，表3-2に示された項目の中で「**長寿命**」「**継承**」に注目してみたい。

　まず，「長寿命」に着目すると，憲章文には「建築は世代を超えて使い続けられる価値ある社会資産となるように，企画・計画・設計・建設・運用・維持される」とある。住まいの持続可能性を考えた場合，当然，長寿命であることは求められるが，その寿命の前に居住者の世代または世帯が交代することも踏まえれば，運用や維持に対しても，現在のコミュニティを構成する世帯が運用や維持をし続ける仕組みや，それを続ける価値があると思えるようなライフスタイルやコミュニティを育むことも肝要である。ソーラータウン府中の家では，その**コミュニティデザイン**が地役権を拠りどころとして，自然に園路を介してなされているのではないか（第12章第4節（3）参照）。また，次に受け継ぐ世代が室の用途や間取りを変更しやすいような，スケルトン・インフィル方式が採用され，世代や世帯の変化に対応する柔軟な住宅でもある。第3回の放送教材を振り返るとよいだろう。

　次に，「継承」に着目すると，「建築は多様な地域の風土・歴史を尊重しつつ新しい文化として創造され，良好な成育環境として次世代に継承される」とある。その運用指針のうち「良き建築文化の継承」「魅力ある街づくり」「子どもの良好な成育を促す環境整備」ということが示されている。これに関連することとしては，ソーラータウン府中の家では良好な室内環境が形成されていたが，それは建物の性能だけに依拠していたものではなく，園路という共有空間とそこで育まれたコミュニティ

によってもたらされたものである。ピアノの音が騒音ではなく，小さな隣人のがんばりの音色として受けとめられたことがその象徴である。熱風ではなく心地よい風を室内に取り入れられるのも，園路の私有地の植栽を各住戸の居住者が手入れするという習慣化した行為に支えられている。16戸の住宅群として1つのまち（またはコミュニティ）をつくり，敷地の植栽を決めごとではなく手入れする，子どもたちは車の心配もなく，緑や土に囲まれた自然の中で外遊びに興じることができる。大人も然りである。ここで育った子どもたちが次の時代にどのような住まいやまちを育むのか，今後の経過を待つ必要があるが期待したいところである。

　第2章で触れたコーポラティブハウジング方式も，「長寿命」や「継承」に有効であると考える。戸建て住宅群や集合住宅を計画する段階から居住予定者が参画し，合意形成を重ねる過程でコミュニティデザインがなされる方式である。第13章でも触れられているが，環境共生型または環境配慮型といわれる住宅には，しばしばビオトープとして緑地や水辺を配するケースがみられる。しかし，緑は維持管理をしなければ期待される景観や蒸発冷却によるクールスポット効果が得られないどころか，景観が損なわれるリスクも持ち合わせている。このため住宅をつくる段階から，居住者間で緑の価値の共有や維持管理の方式の検討，竣工後は緑地や緑のカーテンによる冷却効果の学習機会などを設けている事例もある。このため，現状では環境共生型の住宅はコーポラティブハウジング方式で建てることが望ましいのかもしれない。例えば，木附の里（愛知，1995年）や欅ハウス（東京，2003年）などがあげられる。ソーラータウン府中では，住宅を購入し，入居後に初めて顔を合わせる関係性からスタートしているが，環境的側面からも**社会的側面**からも良好な風土が生まれている。地役権という新たな手法によって，緑の管理やコ

図15-1　園路内の防災井戸のある広場
居住者同士の BBQ は炊出し訓練を兼ねる（撮影：迎川利夫）

ミュニティデザインの新しいあり方が示された意義は大きい。この事例
の提案から関わる地元建設会社が住みびらきの支援を数年にわたり行っ
たことも，功を奏した一因であろう。今後の課題として，第1世代が高
齢期を迎えたときに，コミュニティのあり方や敷地環境がどのように変
容するかということも検証する必要があるだろう。

2. 高齢社会と住まいの課題

　日本は少子高齢社会といわれて久しいが，2021年版「高齢社会白書」
によれば，現在の高齢化率は28.8％と，先進諸国の中では最も高い水準
にある[6]。前節で述べたコミュニティや住まいを子世代に継承する立場
の親世代は高齢化し，継承される立場の子世代の人口数とは不均衡にあ
るなかで，現状でどのような住まいの課題があるのだろうか。まずは，
ハードの側面からみていく。

（1）住宅ストックの質と居住者の高齢化
　「平成30年住宅・土地統計調査」（総務省）によれば，日本の住宅ス
トックは約6200万戸で，総世帯数は約5400万世帯であるため，量的には

充足されている[7]。しかしなが
ら質的にみると，「平成25年住
宅・土地統計調査」から試算さ
れたバリアフリーと省エネル
ギー基準のいずれも満たす住宅
は約200万戸（居住する住宅ス
トックを約5210万戸とした場
合）である[8]。高齢化する居住者
に対して適切とはいえない居住
環境の住宅であふれていると言
えなくもない。ここで，図15－2
に住宅の建設年と世帯主の年齢

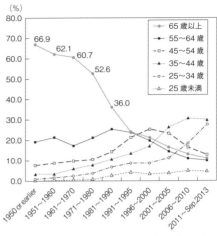

図15－2　建設時期と世帯主の年齢[8]

を示す。1980（昭和55）年に住宅の省エネルギー基準が制定される以前
に建設された住宅における世帯主の高齢化率は5割を超えていることが
分かる。第11章で触れたように，断熱性が低いことでヒートショックの
リスクも高いことが推測される。

　同様に，住宅ストックの約半数が共同住宅であるが，このうち約200
万戸が1980年以前に建設された共同住宅といわれる（総務省統計局「平
成25年住宅・土地統計調査」より）。こうした高経年団地では，一斉入
居した住人の高齢化が進んでおり，住宅の熱性能も低いことから，冬季
のヒートショックだけでなく夏季の熱中症のリスクも高い可能性があ
る。しかしながら，この対策となる大規模な断熱改修は，空室の存在に
加え，**高齢居住者**の経済負担や工事中の引っ越しに伴う生活支援の必要
性等から現実的な選択肢になりにくいのが現状である。

　ここで，住生活基本法（2006年6月施行）にもとづき，私たちの住生
活の安定の確保および向上の促進に関する基本的な計画として「住生活

基本計画（全国計画）」が策定されている。2011年以降，計画は概ね5年ごとに見直され，2016年の見直しにおいて設定された3つの視点のうち，「①居住者からの視点」において「目標2：高齢者が自立して暮らすことができる住生活の実現」が示された。このなかで，高齢者が安全に安心して生涯を送るための住宅の改善・供給，また，高齢者が望む地域で住宅を確保し，日常生活圏において介護や医療サービス等を利用できる居住環境の実現が明記された[8]。その基本的な施策として，住宅のバリアフリー化およびヒートショック対策の推進等が明記された。

　超高齢社会を迎えた日本にとって，バリアフリーに加えて，ヒートショックリスクのような寒冷リスクだけでなく，暑熱リスクを回避し，自立生活する高齢者が健康でQOL（Quality of Life）高く住み続けられる改修方法や仕組みを考えることも，現在の課題といえるだろう。

（2）高経年住宅における高齢世帯の温熱環境の実態

　ここで，1960年代後半に建設された関東の郊外に立地する高経年集合住宅団地の高齢世帯を対象に行った居住環境調査結果から[9]，高経年団地の住まいの温熱環境の実態をみてみる。

　まず，冬季のヒートショックリスクを把握するため，居間や脱衣所，浴室の温度測定が行われたが，対象とした8世帯は全て1階の住戸に居住する高齢世帯である。断熱がされていない時代の住宅のため，上階の住戸よりも冬の温熱環境は厳しいことが予想される。間取りは図15-3のとおり2LDK（約50m²）で，脱衣行為に関わるトイレ，洗面所（脱衣所を兼ねる），浴室はいずれも北側に位置する。竣工当時からこれらの室には換気扇が設けられていないため，カビや湿気・臭気の除去のため冬季も北側の非居室の窓を開放したままで生活が行われている。これも，この時代に竣工した住宅における住まい方の特徴であろう。戸建て

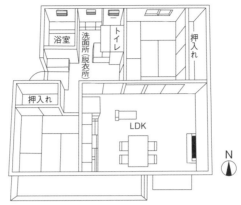

図15-3　高経年住宅（2 LDK）の内観イメージ

住宅であれば，世帯主の意向で換気扇の増設等は自由にできるが，今回の事例のように分譲型集合住宅の場合はそのための合意形成や施設の制約上，換気扇の設置が困難なケースは少なくない。また，南北に開口があるため，夏は南西からの季節風で通風しやすい空間特性にあるといえるが，逆に冬は開放したままの北側の開口部から外気が流入するため，浴室や脱衣所，玄関等が冷えやすく，居室の暖房にかかるエネルギーも無駄に消費している可能性がある。

　ここで，住まい方の違いも含めて冬の温熱環境を把握するため，図15-4に，入浴前に脱衣所（洗面所）を暖房する世帯Bと，暖房しない世帯Aの両者の各室の冬季の1日の温度変化をみてみる。在室時の居間の室温が異なるのは居住者の住まい方の影響が大きい。B住戸では20℃に達していないことが分かる。その分，着衣で調整している可能性はあるが，居間の室温が低すぎることでさまざまな疾病率が増すことも分かっているため，注意は必要である。また，入浴時に着目すると，入浴前に30分間ほど脱衣所に電気ファンヒーターをつけるB住戸は，脱衣所

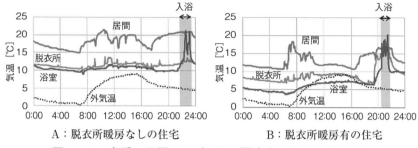

図15-4　冬季の居間および入浴に関連する室の温度比較[9]

　が，ほぼ外気温に近い7℃から約17℃まで上昇している。ヒートショックは，入浴行為の中で，暖かい居間から寒い脱衣所や浴室に移動し脱衣した状態になり，熱い湯に入ることで血圧が急激に変化することが主な要因とされる。居間と脱衣所や浴室の温度差を低減することが発生リスクを低減するには重要である。入浴直前の脱衣時にA住戸は居間と脱衣所の温度差が約8〜9度であるのに対し，B住戸は約2度にとどまっていることが分かる。A住戸は居間と脱衣所の温度差が10度未満に収まってはいるが，日中の外気温が約9℃あった影響を受けているため，さらに寒い日は温度差が広がる可能性がある。B住戸では居間の室温の低下に配慮した住まい方を心がける必要があるだろう。

　このように，断熱が重視されない時代に建てられた住宅に，高齢者が住み続けているケースは多いものと思われるため，建物の断熱改修が行えない場合は，脱衣所や浴室を事前に暖房する，入浴時間を外気温が高い時間帯に早めるなどの住まい方で対策をとる必要がある。

（3）高経年住宅における温熱環境対策の考え方

　前述のように，「住生活基本計画」では高齢者が自立して暮らすことができる住生活が目指されており，ヒートショックのような住まいや住

まい方が要因となる健康リスクに対して，居住者自身または家族や地域で支える専門職の方々の住環境リテラシーを高めることが求められよう。第14章でみられた住みこなし支援やさまざまな温熱環境に関する住環境リテラシー向上のための事例は，現状では有志による活動やハウスメーカーの顧客に対する対応にとどまっているが，超高齢社会においては社会の仕組みとして整える必要性はあるだろう。

　全面的な断熱改修は高齢居住者への経済的負担が大きいが，図15－5に示すような段階的な温熱環境改善の取り組み方が提案されている[10]。同図の中央に示される「現状を少し変えてみる」とは，DIY による工夫を施すなどホームセンターでそろえることができる低コストの改善策や，住まい方を見直すなど自らの意識を変えることで実施できる内容を指すものである。温度計を居間や脱衣所に置くだけでも改善といえるのではないだろうか。これは高齢居住者自身だけではなく，それを支える家族や地域の専門職等にもあてはまることである。

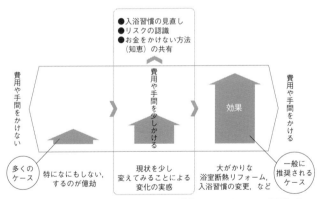

図15－5　温熱環境改修と住環境リテラシーの段階[10]

3．在宅医療支援の空間から住まいの未来を考える

　改めて，第3章で「住まいの実際」を見直していただくと，ここまで学んだ「住まいの環境」の要点の理解が進むのではないだろうか。本節で紹介する事例は住宅ではない。福井県の在宅医療チームの拠点的空間である。前節までに確認したように，持続可能な社会の構築を目指すうえで，自宅で生活する高齢者や障害者のための快適な住まいも必要であるが，このような地域に居住する多様な方々を支える仕組みも重要である。この事例はその名のとおり，家族も含め，在宅医療を支える人々のリビングでもあり，未来の住まいに求められる新たな試みがみられることから，ここでは「住まいの環境」の今後の課題を知るための事例として，その特徴をみていく。

（1）オレンジリビングベース[11)]

　この施設は，医師，看護師，ケアマネジャー，薬剤師など多様な専門職からなる在宅医療チームが利用する拠点的施設である。特徴的なのは，多くのオフィスビルにみられるような着座位置が定められた均質な空間ではなく，スタッフが居場所を自由に選び，互いの専門を超えたスタッフ同士による対話から複雑な課題を創造的に解決できるような空間として設計されていることである。

表15-2　オレンジリビングベース　基本情報[11)]

所　在　地：福井県福井市 竣　　　工：2017年 建築設計：上遠野建築事務所 敷地面積：496.62m² 建築面積／延べ床面積：358.88m²／642.51m²（1階車庫含む） 構造・階数：鉄筋コンクリート造，3階建て

図15−6　北側外観[11]

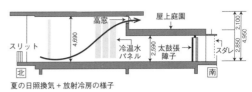

夏の日照換気＋放射冷房の様子

図15−7　夏の環境調整の概要[11]

　福井市は夏も厳しい暑さに見舞われるが，冬は厳しい寒さが長く続く。このため，RC外断熱工法として高断熱性を保ち，冷暖房は冷温水パネルを採用することで，放射熱による安定した室内温熱環境が目指された。補助冷暖房設備として薪ストーブおよびエアコンが設置されている。

　この建物は北側が町屋の並ぶ古い通りに面しているため，2階の北側の窓を大きくとり，街に対して開放的な印象を与えている（図15−6）。断熱性能の高い窓ガラスやサッシがある現代ならではの，建物北側の開放性と環境配慮といえるのではないか。反対に，建物南側は隣家が接するためプライバシーの確保と日射遮へいを兼ねて，天井高は低く抑えられている。さらに，夏になれば南側のバルコニーには簾が下がり，それらはより一層徹底される。以上の断面の特徴を図15−7に示す。

　通常，オフィスビルはどの座席においても，均一な温熱環境，空気環境，光環境，音環境が得られるよう設計される。執務空間の評価指標もそれに合わせたものといえる。しかし，この施設は，北側は天井高があるため，上下方向にわずかな温度差が生まれ，夏は北側の下部から取り入れた外気が高窓を抜けるような空気の流れがデザインされている。平面的にも，季節や時間によって採光のかたちや日差しとともに温かさが空間の中で変化するのが特徴でもある。確かに，近年の新しいオフィスでは，省エネ性の確保かつ働く人の個人差に配慮したタスクアンビエン

図15-8　（左）内観[11]と（右）利用者の様子[12]

ト方式の空調や照明も一般化しつつある。しかし，ここでは，利用者自身が空調等の設備を調整して居場所の環境を調整するということにとどまらず，室内環境のむらに応じて，働くスタッフ間で距離感や場所を選択して，居心地のよい場所を見いだすという積極的な行動による環境調整を引き出した点が，一歩踏み込んだ環境デザインのあり方といえよう。音が響かない場所や人目が気にならない場所で相談したり，少し冷放射を感じるようなひんやりした場所で訪問資料を整理したり，多様な専門性が求められる職場だからこそ用途の異なる使い方とそれにふさわしい環境が選べる自由度があるといえる（図15-8）。また，利用する人が主体的に居場所を選択するということは，その空間の環境特性を経験的に理解しているということでもある。

（2）環境の斑（むら）をデザインする

　第14章では住みこなし支援について学んだが，住まいの環境においては，ハードのデザインだけでなく，ソフトのデザイン，すなわち住まい方のデザインも重要になる。この事例においては，札幌市立大学・斉藤雅也氏が環境設計も担当したが，運用時の環境の実態調査とそれに基づく利用者への住みこなし支援も行われている。図15-9は結果の一部で

● 涼しい　◆ 明るい　□ 落ち着く, 仕事がしやすい
◎ 適温　　○ 風が気持ちよい

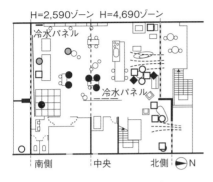

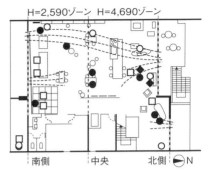

(a) 夏季 7 月初旬 (冷水パネル稼働
　　＋通風) のスタッフの居場所

(b) 夏季 9 月半ば (通風のみ) の
　　スタッフの居場所

図15 - 9　利用者の居場所調査結果[11), 12)]

あるが, 同図 (a) は, 7 月初旬に冷温水パネル (冷水) を稼働させな
がら通風を行う運用方法のときのスタッフの居場所の観察結果を示した
ものである。室中央の冷水パネル近傍の冷放射と冷気流が心地よいと感
じるスタッフがいることが分かる。一方, 事務室中央はやや冷えるため
北側の日射が当たらない場所を選び, 窓からの風が心地よいと感じてい
るスタッフもいる。同様に図15 - 9 (b) では, 9 月に外気温が下がり
室中央の冷水パネルの稼働をやめ, 通風だけに切り替えたところ, 窓際
で作業をするスタッフが現れたことが分かる。現地のインタビューから
は, 季節や設備の運転状況によって, スタッフが心地よい場所を選び,
リラックスして業務をこなし, さらに空間に対する悦びや愛着が確認さ
れたとされる[11)]。

　在宅医療スタッフがリビングベースの環境の重要性に気づくというこ
とは, 訪問先の住宅において, 医療支援以外にもさまざまな配慮が及ぶ

ということになる。日差しが直接差し込んでいる部屋であれば，熱中症予防のために水分の補給と冷房の使用を促すのが通常であろうが，簾の使用を促すこともできるし，普段の居場所を変えられないか検討するという選択も場合によっては生じるであろう。現状では，居住環境において，医療・福祉と建築の分野の融合はほとんどみられない。しかしながら，住む人の健康に配慮し，住まいを客観的にみられる立場の専門職の皆さんが，空間の重要性，住まいの環境の重要性に気づくことで，少しでも安心できる居住環境を支えることができるのではないだろうか。持続可能な社会において，超高齢社会のコミュニティデザインと住まいのデザインは総合的にとらえるものではないだろうか。

現在，住宅の省エネ化の一つの方策として，スマートハウスと呼ばれるような情報技術を活用した住宅の開発が進みつつある。近い将来，AIによって快適にかつ低エネルギーに制御される住宅が実現するかもしれない。自ら環境を調整することが困難，または介護が必要な居住者がいる世帯においては有効だと思われるが，さまざまな五感を発達させながら成長する子どもの成育環境として適切かどうかは考える余地があるだろう。居住者の住環境リテラシーについても同様である。住まいの環境に無関心な居住者が生み出す未来はどのようなものなのか，読者自身でも考えてもらいたい。ほどよい技術と人間の関係性によって，自ら住まいの環境に気づき，快適にしようと住まいを育んでいきたいものである。

🔋 研究課題

　現在，お住まいの環境は，老後の自身または同居高齢者にとって温熱的に安全といえるだろうか。真冬や真夏など気候条件が厳しい一日を想定して，住まいや住まい方を想像し，どのような対策ができるか考えよう。

引用・参考文献

1 ）環境庁「昭和63年版環境白書」1988年
2 ）日本建築学会「建築における持続可能性とは何か」1998年度日本建築学会大会
　　（九州）総合研究協議会資料，1998年
3 ）岡部明子『サステイナブルシティ　EU の地域・環境戦略』学芸出版社，2003年
4 ）環境省「すべての企業が持続的に発展するために—持続可能な開発目標（SDGs）
　　活用ガイド—［第 2 版］」2020年 3 月，p.10
5 ）日本建築学会『地球環境建築のすすめ』彰国社，2002年，pp.52-58
6 ）内閣府「令和 3 年版高齢社会白書」2021年，p.2，pp.6-8
7 ）国土交通省「令和 3 年度　住宅経済関連データ」
　　https://www.mlit.go.jp/statistics/details/t-jutaku-2_tk_000002.html
8 ）藤岡泰寛・田中稲子・大原一興「高齢期の自立生活継続に資する予防的住宅改
　　修に関する研究—新潟市と大分県におけるリフォーム補助制度からの考察—」『福
　　祉のまちづくり研究』第22巻，2020年，pp.1-11
9 ）鈴木恵太・久野佑馬・田中稲子・藤岡泰寛・佐藤祐子「長期経過団地における
　　高齢者の冬季のライフスタイルと住宅内温熱環境に関する研究—大規模修繕によ
　　らないヒートショックリスクの緩和を目指して—」『第39回　人間-生活環境系シ
　　ンポジウム報告集』2015年，pp.21-24
10）横浜国立大学都市科学部建築学科建築計画研究室・建築環境工学研究室「すま
　　いの知恵袋」2021年 3 月，https://danchisumai.wixsite.com/website（2022年 6 月
　　アクセス）

11）日本建築学会編『設計のための建築環境学　みつける・つくるバイオクライマ
ティックデザイン』第2版，2021年，pp.118-119
12）山本佳苗・増永英尚・紅谷浩之・上遠野克・斉藤雅也「『涼しさ』感を伴う夏
の住みこなしプロセスの調査研究」『空気調和・衛生工学会北海道支部　第52回
学術講演会』2018年，pp.41-44

索引

●配列は五十音順。

分担執筆者紹介

上野　佳奈子 （うえの・かなこ）

・執筆章→ 9

2003年	東京大学大学院工学系研究科建築学専攻　博士（工学） 東京大学生産技術研究所助手・助教，ボストン大学客員 研究員，明治大学理工学部建築学科専任講師・専任准教 授を経て
現在	明治大学理工学部建築学科・専任教授
専攻・専門	建築学・建築音響学
主な著書	『生活環境学』（分担，井上書院）2008 『コンサートホールの科学—形と音のハーモニー』（分担，コロナ社）2012 『しくみがわかる建築環境工学—基礎から計画・制御まで』（分担，彰国社）2016 『音と生活』（分担，コロナ社）2016 『光と音の建築環境工学』（分担，朝倉書店）2018

高橋　達（たかはし・いたる）
・執筆章→13・14

1999年	武蔵工業大学（現・東京都市大学）大学院工学研究科建築学専攻　博士（工学） 福岡工業大学社会環境学部社会環境学科・専任講師，東海大学工学部建築学科・助教授を経て
現在	東海大学建築都市学部建築学科・専任教授
専攻・専門	建築環境設備学
主な著書	『生活環境学』（分担，井上書院）2008 『エクセルギーと環境の理論―流れ・循環のデザインとは何か［改訂版］』（分担，井上書院）2010 『エコリノ読本』（分担，新建新聞社）2014 『季節を味わう住みこなし術―「ちょいケア」で心地よいライフスタイルに大変身！』（分担，技報堂出版）2022

谷口　新（たにぐち・しん）

2001年	東京工業大学大学院博士後期課程修了，博士（工学） 日本学術振興会特別研究員，横浜国立大学 VBL 講師，大妻女子大学准教授を経て
現在	大妻女子大学短期大学部家政科・教授
専攻・専門	建築計画，環境デザイン
主な著書	『建築計画・設計シリーズ10　幼稚園・保育所／児童館』（分担，市ケ谷出版社）2003 『建築計画・設計シリーズ42　新・設計基礎』（分担，市ケ谷出版社）2005 『楽々建築・楽々都市―"すまい・まち・地球"自分との関係を見つけるワークショップ』（分担，技報堂出版）2011 『まち保育のススメ―おさんぽ・多世代交流・地域交流・防災・まちづくり―』（分担，萌文社）2017 『季節を味わう住みこなし術―「ちょいケア」で心地よいライフスタイルに大変身！』（分担，技報堂出版）2022

山本　早里 （やまもと・さり）

・執筆章→5・8

1997年	東京工業大学大学院博士後期課程修了，博士（工学） 鎌倉女子大学家政学部講師，筑波大学芸術学系講師を経て
現在	筑波大学芸術系・教授
専攻・専門	環境色彩，色彩デザイン
主な著書	Practice-based research on color planning for educational facilities, *Journal of the International Colour Association*, Vol. 28, pp. 43-49（単著）2022 『新編　色彩科学ハンドブック』（分担，東京大学出版会）2011 『建築の色彩設計法』（分担，日本建築学会）2005 『光と色の環境デザイン』（分担，オーム社）2001

編著者紹介

田中　稲子（たなか・いねこ）

・執筆章→ 1 〜 4・6・7・10・11・15

2000年	東京工業大学大学院博士後期課程修了，博士（工学） 名古屋工業大学助手，横浜国立大学 VBL 講師・特任教員（助教）・准教授を経て
現在	横浜国立大学大学院都市イノベーション研究院・教授
専攻・専門	建築環境工学，住環境教育
主な著書	『環境教育用教材　学校のなかの地球』（分担，技報堂出版）2007 『ヒートアイランドの事典—仕組みを知り，対策を図る—』（分担，朝倉書店）2015 『まち保育のススメ—おさんぽ・多世代交流・地域交流・防災・まちづくり—』（分担，萌文社）2017 『住まいの環境デザイン』（共著，放送大学教育振興会）2018 『都市科学事典』（分担，春風社）2021 『季節を味わう住みこなし術—「ちょいケア」で心地よいライフスタイルに大変身！』（分担，技報堂出版）2022

放送大学教材　1930117-1-2311（テレビ）

住まいの環境論

発　行　　2023 年 3 月 20 日　第 1 刷

編著者　　田中稲子

発行所　　一般財団法人　放送大学教育振興会
　　　　　〒 105-0001　東京都港区虎ノ門 1-14-1　郵政福祉琴平ビル
　　　　　電話　03（3502）2750

Printed in Japan　ISBN978-4-595-32414-7　C1352